2022年
インフレ大襲来

金利2%で日銀破綻、
引き出し制限へ!!

浅井 隆

第二海援隊

プロローグ

世界中をインフレが席巻している

この道は、いつかきた道——そう、今から四〇年以上前、日本も世界もインフレに襲われ、大パニックとなっていた。

そして今、世界中で当時を超える大インフレが巻き起ころうとしている。その時、私たちの日本は幕末の黒船「ペリー来航」のような衝撃を受けることだろう。何しろこの三〇年というもの、日本は〝デフレ・低金利〟に慣れ切ってしまい、「物価が上がるはずはない」「金利は下がるもの」という〝常識〟にずっぷり浸かり切ってきたからだ。

しかし、コロナパニックによって慌てた世界中の中央銀行が、お金を無尽蔵にばら撒き続けた。その膨大なマネーが今、物価を押し上げ巨大インフレを起こそうとしている。すでに、日本以外のほとんどの国々にはインフレの津波が押し寄せてきている。

まずその波は、株価や金《きん》価格にやってきた。ニューヨークダウは三万六〇〇〇ドルという前代未聞の高みに到達し、日経平均も一時三万円を超えた。金《きん》（ゴールド）も七〇〇〇円を超え、歴史的高値に達している。

しかし、これは始まりにすぎなかった。世界の物流の九割を握る海運の混乱とコロナ禍における工場閉鎖（あるいは人員削減）もあって、世界中で部品の不足が常態化し、インフレに拍車をかけている。キューバでは年率五〇〇％のハイパーインフレが発生し、庶民の生活は大混乱に陥っている。お隣・韓国では、スーパーの食品価格が一年で二〇〜五〇％も値上がりし、主婦はパニックになって「ご馳走の韓牛（和牛に対して韓国産の美味しい牛を韓牛と言う）はもう買えない」と嘆いている。さらにネギが四〜五倍に暴騰したことから、自宅でネギを栽培して食べることを〝ネギテク〟と言うようになった。

しかも、マネーの希薄化（大量のばら撒きで通貨の価格が下がること）で不動産の価格が上昇。海外最大の金融情報配信会社ブルームバーグは「米英中の不動産は狂乱状態」と報じた。オーストラリアでも人々が不動産に殺到しており、シドニー郊外のトイレも水道もない、内壁も表面が崩れ落ちた廃墟に四億円もの値段が付き、人々を驚かせている。

今、インフレで大変な目に遭っているのがトルコ、ブラジル、ロシア、インドだ。トルコのインフレ率は二〇％に達し、独裁者エルドアンも頭を抱えている。食糧輸出大国のはずのブラジルでは、食料品の価格が大幅に上がり庶民の不満が爆発している。そのブラジルでは、大豆の輸出を規制し始めており、いずれ日本にもその影響が押し寄せてくるだろう。

ロシアでもインフレの波は確実に国内に広がっており、七％近いインフレと利上げで政策金利六・七五％という重圧がロシア国民の不満を高めており、あの強権独裁者プーチンですら、将来インフレによってその座を追われるかもしれない。それもあって、国民の不満をそらすためプーチンはウクライナへの再侵攻を計画し始めた。インドでは、すでに暴動が頻発するほどの騒ぎとなっており、モディ政権への批判が高まっている。

日本は、金利が上がったら一巻の終わり

こうした状況下で、日本だけが平穏でいられるはずがない。すでに巨大インフレのマグマは溜まりに溜まり、いつ爆発してもおかしくない状況となってきている。スーパーに行って詳しく見てみればわかるが、野菜は季節物だから除くとして、その他の品目もかなり値上がりし始めている。

今後怖いのが、エネルギー関連だ。今、地球温暖化対策も絡んで天然ガス(LNG)が世界中で争奪戦となっており、中国も〝爆買い〟を始めている。LNGや原油価格の高騰で、日本は貿易赤字に転落してしまった。さらに、円安が加速して輸入インフレをひどいものにしている。五〇年前の〝石油パニック〟ならぬ〝新エネルギーパニック〟の到来だ。

そこで、私たちの未来がどうなるのかを見てみよう。そう、日本のことだ。

実は今、この日本でもインフレへの序曲が始まっているが、もし二%を上回る

インフレがやってきて金利が上がってしまったらどうなるのか。

仮に、金利が二％になったら何が起こるのか。信じがたい話だが、日銀が破綻するのだ。なぜか。それは、これまでの長年の政策の結果だ。政府は借金をどんどん膨張させてきたが、その最後の引受け手（国債の購入者）として日銀に頼ってきた。その日銀は、いまや市中銀行から買い取った国債の代金である五四〇兆円を当座預金に貯め込んでいるが、もし金利が二％に上がったらこの五四〇兆円に対し同じく二％の金利を支払わねばならず、その額は毎年一〇兆円となる。

しかし、日銀の自己資金は九・七兆円しかなく、あっという間に債務超過となる。本来、〝物価の番人〟とされる日銀は金利を上げることによってインフレを退治するのだが、金利を上げれば自らが破綻するという前代未聞の状況に陥っているのだ。

もし、金利を引き上げられなければインフレと円安は加速し、誰にも止められなくなる。そうなったらお終いだ。国民は、銀行からお金を引き出して金《きん》か

天然ガス価格の推移（地域別）

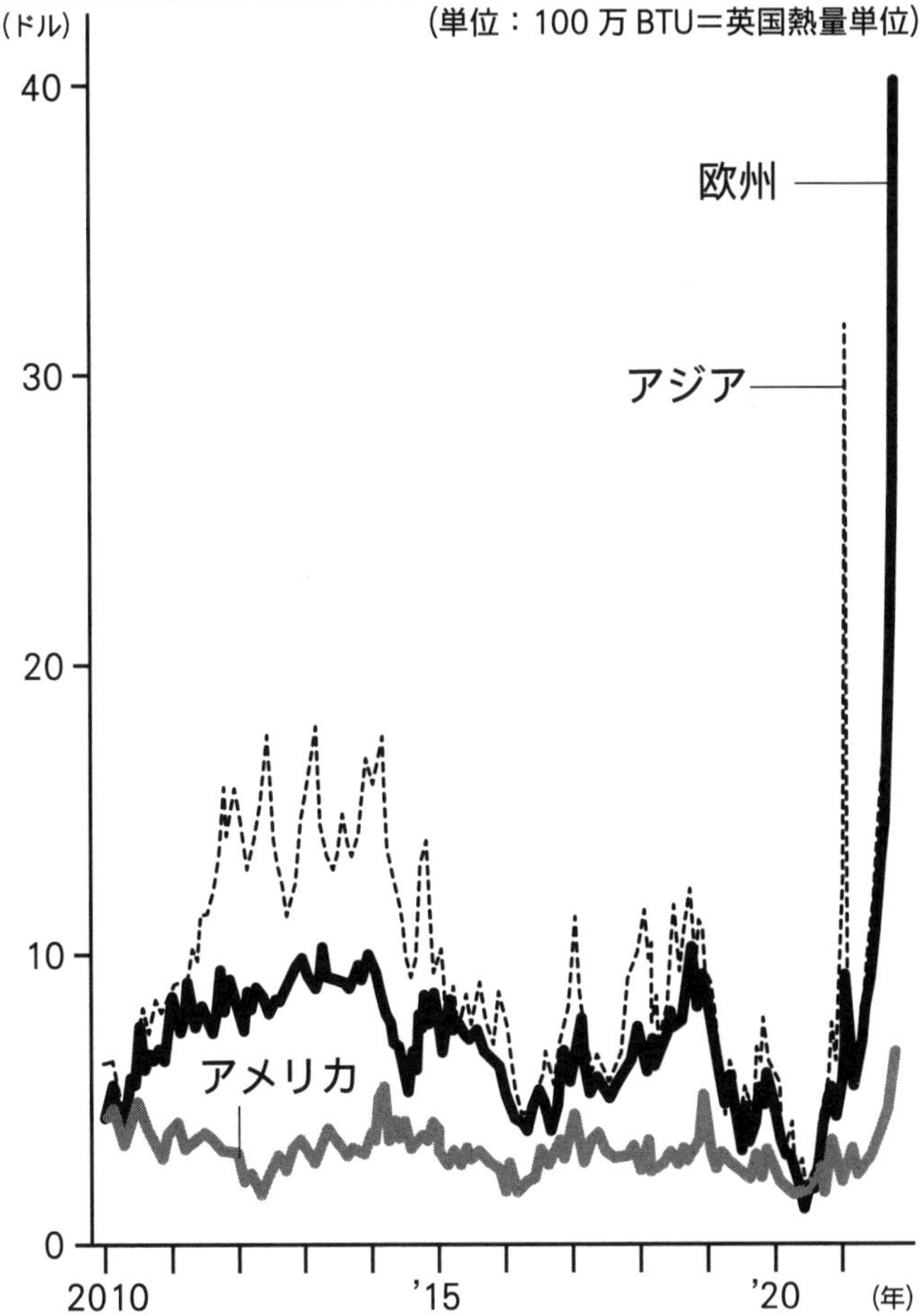

S&Pグローバル・プラッツのデータを基に作成

インフレが進むと……

インフレ

↓

金利上昇
（金利2%で日銀破綻→新日銀）

↓

国家破産
（引き出し制限）

↓

その後に

？

ダイヤを買うか、ドルにするか、はたまた海外へ逃がそうとするだろう。その挙げ句、大量出血で一瞬で日本は終わってしまう。そこで政府は、預貯金の引き出し制限を強行せざるを得なくなる。国家破産と徳政令のスタートだ。今回の事態は、ここまで深刻なのだ。
では、インフレと国家破産にどう備えればよいのか。その秘策を本書の後半でお見せしよう。ぜひ、本書を熟読して生き残りの手を打っていただきたい。

二〇二一年一一月吉日
浅井　隆

2022年インフレ大襲来――目次

プロローグ

第一章　いよいよ四〇年振りの大インフレがやってくる
――海外はすでにとんでもないことに

第二章　もうすぐスーパーの値札が三〇%上がる!?
――一〇〇均は絶滅、牛タンが二・五倍、卵は八〇%以上上昇

第三章 部品、建築資材、中古車……すべてが足りない！
――世界の海運（船、コンテナ）が大混乱。
ばら撒かれたお金が物価をどんどん上げる

第四章　金利が二%で日銀破綻→引き出し制限へ
——あなたの財産はかくも簡単に消滅する

エピローグ

※注　本書では一米ドル＝一一四円で計算しました。

第一章　いよいよ四〇年振りの大インフレがやってくる
——海外はすでにとんでもないことに

アメリカ版「ダイソー」、値上げの衝撃

「大変化の始まりだと言わざるを得ない」（ブルームバーグ二〇二一年六月七日付）――イギリスの金融街シティで「№1エコノミスト」の一人と称されるロジャー・ブートル氏は、世界経済の大転換を予言した。

ブートル氏は欧州最大の経済調査会社キャピタル・エコノミクスの創業者で、ジェームズ・ゴードン・ブラウン政権で独立系の経済アドバイザーを務めたことでも知られる。興味深いことにブートル氏は、一九九六年に「デフレの恐怖」（原題：The Death of Inflation: Surviving and Thriving in the Zero Era）を執筆、これは世界的なベストセラーとなった。そこには、「何十年にもわたるインフレの時代が終わった」と書かれている。

世界的なデフレの到来を正確に予期したブートル氏が、今度は一転してインフレの到来を宣言した――「デフレの危険は去り、リスクは明らかに逆方向に

傾斜している。どの程度の高インフレがどれぐらいの期間続くかについては、議論の余地がある。しかし、大変化が起きたということについては、私自身はほぼ疑いの余地がないと考えている」（前出ブルームバーグ）。

ブートル氏がおよそ四〇年振りのインフレ到来を予告して間もなく、アメリカである〝事件〟が起こった。アメリカ版「ダイソー」（一〇〇円均一ショップ）が三五年振りに値上げを発表したのである。

アメリカやカナダで一万五〇〇〇店舗を展開する大手小売りチェーン「ダラーツリー」の値上げは、アメリカで大々的に報じられた。「アメリカで暮らしたことのある人なら、誰でも一度は利用したことがある」とまで言われるダラーツリーは、まさにデフレ（正確にはディスインフレ）時代の申し子と言える。創業は一九八六年とアメリカで長期インフレが幕を閉じたタイミングであった。創業時の名前は「オンリーワンダラー（Only $1）」であったが、一九九六年に「ダラーツリー（Doller Tree）」に改名。同社は再三にわたり投資家から「値上げして売り上げを増やせ」と要求されてきたが、「ダラーツリーの一ドル政策は不可侵」という考えの下、何とか一ドル（価格）を死守してきた。

しかし、今回は創業以来初めてインフレ圧力に屈したのである。二〇二一年九月二八日、同社のマイケル・ウィティンスキー最高経営責任者（CEO）は「サプライチェーン（供給網）の混乱や労働市場のひっ迫による投入コストの上昇に伴い、一ドル均一ショップとして知られる同店の商品で、価格が一・二五ドルまたは一・五〇ドルとするものが増える」（ウォール・ストリート・ジャーナル二〇二一年一〇月一日付）と発表した。これを受けて、ネット上には「それでは看板に偽りありだ」とツッコミとも取れるコメントがあふれかえった（ちなみに社名変更の予定はないそうだ）。

アメリカ版「ダイソー」の値上げは、いかに昨今の供給制約が過酷であるかを物語っている。何せ、三五年目にして初の出来事なのだ。ちなみに、米供給管理協会（ISM）の二〇二一年一一月一日の発表によると、同年一〇月のアメリカの製造業においては、すべての業種で原材料調達にかかる時間が過去最長となっている。私は、ダラーツリーの採った選択が時限措置（供給制約による一時的な値上げ）で終わるとは決して思えない。より長期的な観点からして、この〝事件〟はおよそ四〇年振りの世界経済の大転換を示唆しているものととらえられるのである。そうであるならば、ダラーツリーの値上げはあくまで「始まりにすぎない」。

世界中の当局者は、口を揃えてインフレは「一過性で終わる」と繰り返す。しかし、この種の楽観論は極めて根拠に乏しい。「供給制約は、じきに終わる」というのが彼らの根拠だが、サプライチェーン（供給網）の混乱は想像しているよりも長引く可能性が高く、私はその間に人々のインフレ期待（家計や企業が予想する将来の物価の変動率）も上昇に転ずると見ている。実際、アメリカやイギリスでは、国民のインフレ期待が大きく上昇し始めた。

これは、「コストプッシュ・インフレ」（供給制約によるインフレ）が「ディマンドプル・インフレ」（需要増によるインフレ）に変わりつつあるという明確な兆候である。歴史を振り返ると、石油ショックのようなコストプッシュ・インフレは一時的なトレンドで終わることが多いが、人々の間にインフレ期待

（値上がりするから今のうちに買っておいた方がよいという心理）が根付いた場合は特に厄介だ。そして今回は、それが現実となる可能性がある。

その証拠に、アメリカではものの価格だけでなくサービス価格も着実に上がり始めた。二〇二一年一〇月三〇月付の米フォーブス（電子版）によると、アメリカのホリデーシーズン（クリスマス）の平均宿泊価格は一晩五九九ドル（約六万八〇〇〇円）と、二〇二〇年の三九二ドル（約四万五〇〇〇円）や二〇一九年の三三二ドル（約三万八〇〇〇円）と比べてもかなり値上がりしていることがわかる。「世界的にリスク資産を脅かしているサプライチェーン危機はもう忘れた方がよい。サービスセクターのブームが労働コストを押し上げ各国・地域中央銀行がより断固たる姿勢で金融政策引き締めを迫られる来年は、本物の試練が訪れるかもしれない」（ブルームバーグ二〇二一年一〇月二八日付）。

本書のタイトルの通り、二〇二二年にインフレが襲来する可能性はかなり高いと考えた方がよいだろう。同年は、過去三〇～四〇年で初めて人々の間に「インフレ」が明確に意識された年として記憶されるかもしれない。もちろん、当局者が繰り返しているように、インフレが一時的なものでやがて終息する可能性もある。だが、そうはならないだろう。

「過去二〇年とは全く違った時代に入ろうとしていると確信している。インフレ率は今後、これまでよりも高い水準に落ち着くだろう」（ブルームバーグ二〇二一年一〇月二日付）――世界最大の運用会社として知られる米ブラックロックの副会長で元スイス中央銀行総裁のフィリップ・ヒルデブラント氏は、こう断言した。同氏は続けて、「一時的か持続的かというのは間違った問い方だと思う。両方だと思うからだ。重要な点は、インフレはより高い水準で落ち着くという見通しであり、市場はそれに慣れなければならないということだ」（同前）と指摘している。ヒルデブラント氏は、すなわち供給制約によるインフレはいずれ落ち着くが、それでもインフレ率はそれ以前の水準を上回って推移する可能性が高いと言っているのだ。「（明確に）トレンドが変わった」、と断じている。

私も同意見だ。読者は「そんな大袈裟な！」と思うかもしれない。確かにデフレに慣れ切った私たち日本人からすれば、インフレと聞いてもピンとこないというのが正直なところであろう。事実、世界のあちらこちらでインフレ懸念が台頭する中でも、日本の物価は依然として本格的な上昇局面を迎えていない。

しかし、そうした「ぬるま湯」も向こう数年で終わりを迎えるはずだ。早ければ、二〇二二年にもインフレが日本を席巻する。そのことを説明する前に、海外のインフレ事情をもう少し見てみよう。

韓国では、牛ヒレ肉一〇〇グラムが「一三〇〇円」

「すべての物価の出発点であるエネルギー価格が上がり、最近では値段が上がっていない製品がない。特に野菜・果物・畜産・加工食品・生活用品など生活必需品価格が上昇している。牛乳価格も引き上げが予告されており、卵・豚肉・即席めんなど基本生活必需品価格も不安になっている」――韓国紙の中央日報（二〇二一年一〇月七日付）は「前例のないインフレの恐怖、徹底的に備えなくては」と題した社説で、こうインフレの窮状を訴えた。

お隣の韓国では、すでにインフレの脅威が国民を覆っている。日本と同様にエネルギーや消費財の多くを海外からの輸入に依存している韓国は、海外発の供給制約によるインフレにめっぽう弱い。韓国の消費者物価に影響を与える輸入物価は、二〇二一年九月時点で一年前に比べ二六・八％も急騰した。これに伴い、同国の九月の生産者物価指数（ＰＰＩ＝生産者の販売価格と仕入れ価格に関する特定期間の商品とサービスの価格変化率）は、六ヵ月連続で過去最高を更新するという事態になっている。

当然、コスト高は最終消費者にもおよぶ。韓国統計局によると、直近（二〇二一年一〇月）の消費者物価指数（ＣＰＩ）は前年同月比三・二％上昇と、韓国銀行（中央銀行）の目標である二％を七ヵ月連続で上回った。おそらく韓国国民の肌感覚では、三・二％以上の物価高を感じていることであろう。ものによっては、すさまじく上昇しているからだ。

たとえば、中央日報（二〇二一年一〇月二一日付）によると、韓国の代表的な輸入水産物であるノルウェー産のサーモン、ベトナムやインドネシアからの冷凍エビ、輸入タコなどは二〇二〇年から二一年の一〇月までで総じて一〇～三〇％上がっている。また、韓国消費者団体協議会物価監視センターによると、二〇二一年七―九月期の生活必需品三八品目、七六製品の価格が一年前と比較して平均四・四％上昇した。中でも、卵が七〇％、豆腐が一六・五％、ハムが一一・三％、食用油が一一・二％、マヨネーズが九・三％と、それぞれ大きく上昇している。驚くべきは牛肉の価格だ。韓国人の年間の牛肉消費量はアジアで一番なのだが、中国メディアの毎日経済新聞（二〇二一年一〇月二一日付）によると、韓国のスーパーの精肉コーナーで牛ヒレ肉の一〇〇グラムあたりの価格が二・四万ウォン（約二三〇〇円）を突破したというのだ。

ちなみに、国連食糧農業機関（ＦＡＯ）が発表している世界食料価格指数（二〇二一年一〇月）は、前年比三一・三％と驚きの上昇を記録している。ＦＡＯは、新興国を中心に飢餓が広がっていると警鐘を鳴らした。中央日報は以下のようにインフレへの備えをうながしている――「弱り目にたたり目で、住宅価格急騰で住宅費負担が重くなり、原油価格上昇の余波で電気料金引き上げ圧力も高い。政府と企業は韓国を襲うインフレの恐怖を振り払うのに万全の備えに出なければならない。前例のなかった様相であるだけに隙のない対応が必要だろう」(中央日報二〇二一年一〇月七日付)。中央日報は「前例のなかった様相」と表現しているが、韓国では直近の食品やエネルギー価格の上昇に加え、新型コロナウイルスのパンデミック以前から住宅価格の急騰も問題視されてきた。まさに、総コスト高の時代を迎えており、多くの国民は不満を高めている。

近年、OECD(経済協力開発機構)が発表している実質賃金で、日本の水準を韓国が上回っているという報道が多くなされるようになってきた。OECDが発表した加盟国の二〇二〇年における年間平均賃金データによると、日本は三万八五一五米ドル。対する韓国は四万一九六〇ドルだ。ちなみにアメリカは六万九三九一ドル、ドイツは五万三七四五ドル、フランスは四万五五八一ドルと、日本の賃金はいまやOECDの中で下位に位置しているのだ。

アベノミクスが推進された過去一〇年間で、日本の賃金はわずか一・一%しか増えていないのに対し、韓国は一六%増えている。過去三〇年間ではその差がさらに開き、韓国は一・九倍となったのに対し、日本は四％しか増えてない。ちなみにアメリカのそれは、過去三〇年間で四倍にも増えている。

では、韓国では給与が上がっているから人々が難なくインフレにも対応できているのかというと、実はそうでもなさそうだ。同じくＯＥＣＤによると、韓国の相対的貧困率は一六・七％（二〇一八年年基準）で、ＯＥＣＤ三七加盟国のうち四番目に高い。相対的貧困率とは、全体人口のうち等価可処分所得の中央値の半分に満たない世帯員の割合のことだ。この指標では、韓国国民の六人に一人が貧困危機に陥っているということになる。また、韓国では高齢者の貧困が深刻だ。同国の六六歳以上（引退年齢層）の相対的貧困率は、ＯＥＣＤ加盟国の中で圧倒的な一位となっている。二〇一八年基準で四三・四％と、ラトビア（三九％）、エストニア（三七・六％）、メキシコ（二六・六％）などと比べても高いことがわかる。

韓国のインフレは、主に若者と高齢者層を直撃しており、彼らの恐怖心は高まる一方で、「インターネット上では『月給以外は全て上がった』『食事を準備

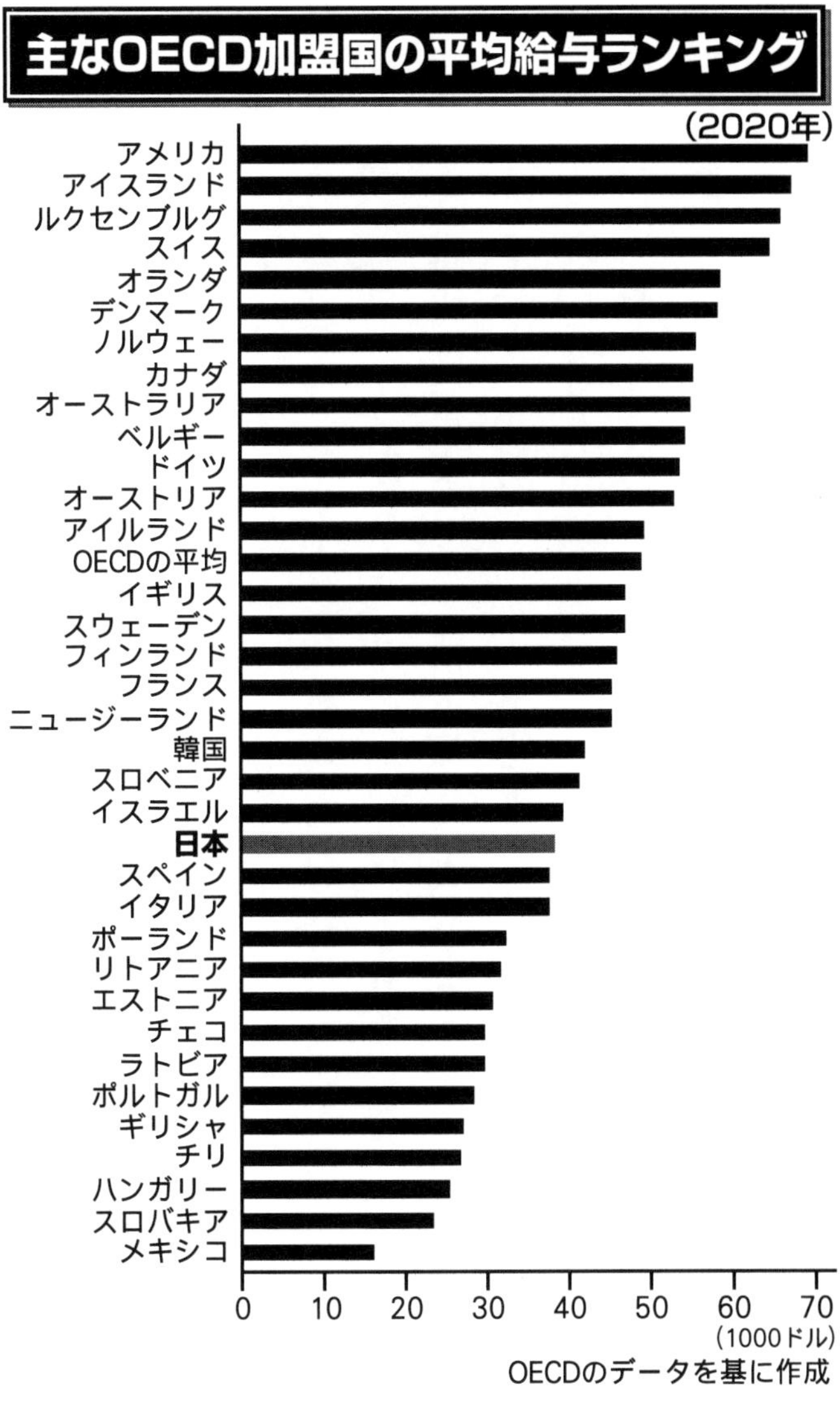
主なOECD加盟国の平均給与ランキング
(2020年)
アメリカ
アイスランド
ルクセンブルグ
スイス
オランダ
デンマーク
ノルウェー
カナダ
オーストラリア
ベルギー
ドイツ
オーストリア
アイルランド
OECDの平均
イギリス
スウェーデン
フィンランド
フランス
ニュージーランド
韓国
スロベニア
イスラエル
日本
スペイン
イタリア
ポーランド
リトアニア
エストニア
チェコ
ラトビア
ポルトガル
ギリシャ
チリ
ハンガリー
スロバキア
メキシコ
0
10
20
30
40
50
60
70
(1000ドル)
OECDのデータを基に作成

するのが怖い』といった書き込みが見られた」（朝鮮日報二〇二一年一一月三日付）。そして皮肉なことに人々の恐怖心が彼らに「猛烈な投機」をうながす構図となっている。韓国では二〇二〇年三月のコロナショック以降、「ビットゥ」（借金してまでする投資）、「ヨンクル」（魂までかき集めた投資）というフレーズが流行している。これは住宅コストの急騰、そして輸入インフレが、今の生活を脅かすばかりでなく将来不安を極限まで高めた結果、多くの国民が「投資で稼ぐしかない」という心情にたどり着いたゆえに生まれた言葉だ。

韓国の金融投資協会によると、同国の株式投資のアクティブ口座（一〇万ウォン以上を入金し、半年に一回以上取引きを行なった口座）数は、二〇二〇年三月の三〇〇〇万件から二〇二一年九月には五〇〇〇万件超にまで増えている。韓国では、個人投資家が証券会社から資金を借りて株式に投資する信用取引融資残高や住宅ローン残高の増加が問題視されており、インフレによる金利の上昇によって家計債務に端を発した金融危機を誘発するのではないか、とまで危惧されるようになった。

給与所得者の平均給与推移（日本）

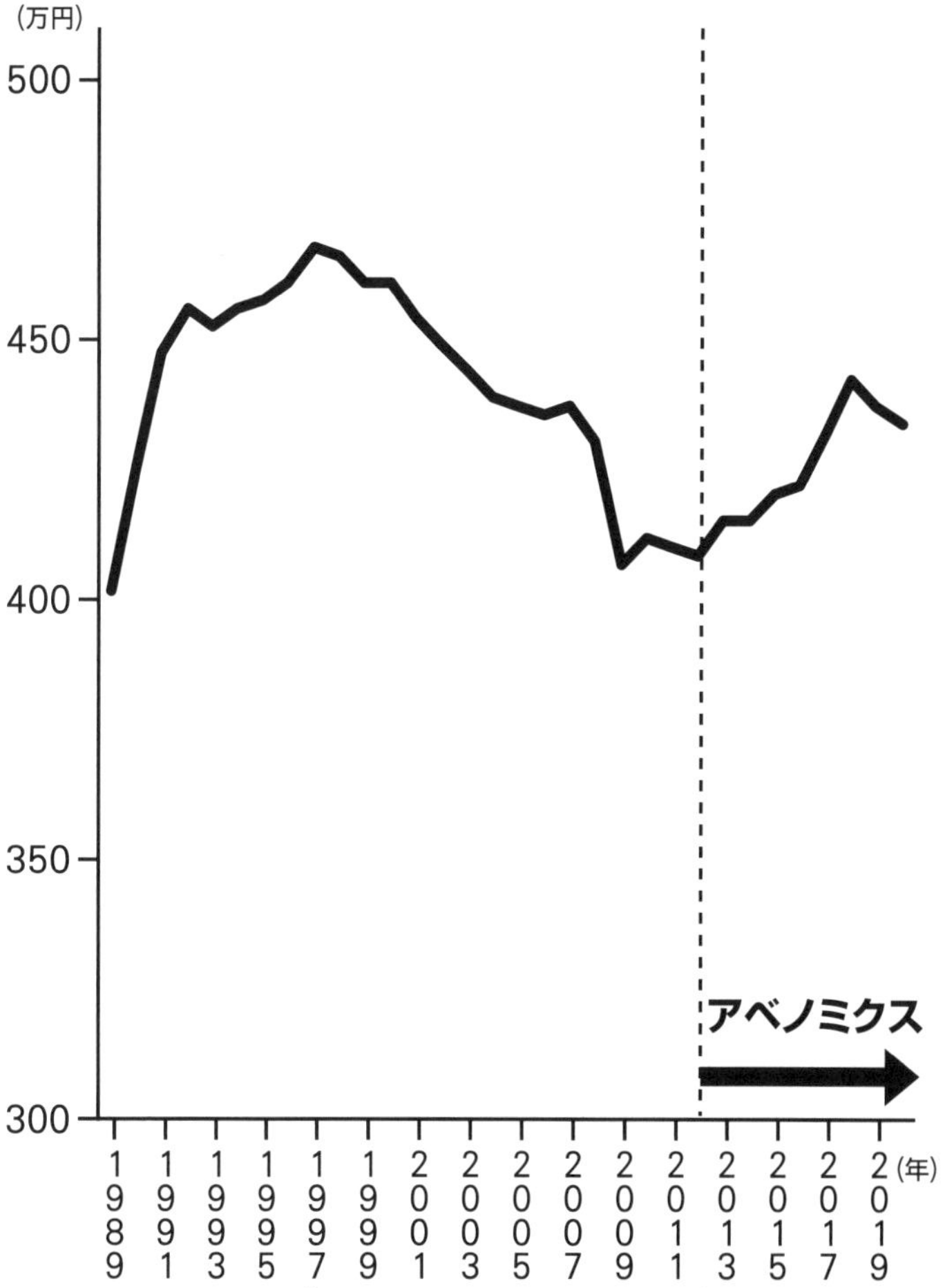

国税庁「民間給与実態統計調査」のデータを基に作成

こうした問題は韓国だけでなく、多くの国と地域が抱えている。もし、四〇年振りのインフレ到来となれば、その副作用とも言える金利の上昇で壊滅的な被害を受ける国が続出したとしても不思議ではない。

ところで、先に韓国の二〇二一年一〇月のCPI（消費者物価指数）は前年同期比三・二％増と記したが、この上昇率は主要国の中では低い方だ。主要国の総合CPI（二〇二一年一〇月）を三一ページに記しておく。これらのいくつかの国では、すでにインフレ進行に対して政治家や中央銀行に対して批判の声が上がっている。トルコ、ブラジル、メキシコ、ドイツなどがそうだ。

中でも、戦前のハイパーインフレの記憶から積極的な金融緩和政策を嫌うドイツでは、大衆紙のビルト（二〇二一年一〇月三〇日付）がECB（欧州中央銀行）のクリスティーヌ・ラガルド総裁を痛烈に批判している。ビルト紙はラガルド総裁を「マダム・インフレーション」と呼び、ぜいたくなファッションが好きな高給取りだと紹介。一般世帯の苦境は気にしていないようだとし「年金、賃金、貯蓄を目減りさせている」と批判した。ちなみにラガルド総裁は、

主要国の総合CPI（消費者物価指数）

（2021年10月）

国　名	CPI(%)
トルコ	19.89
ブラジル	10.67
ロシア	8.13
メキシコ	6.24
アメリカ	6.2
南アフリカ	5
カナダ	4.7
ドイツ	4.5
インド	4.47
イギリス	4.2
ユーロ圏	4.1
韓国	3.2
オーストラリア	3
イタリア	3
フランス	2.6
中国	1.5
日本	**0.1**

同日付の独誌シュピーゲルとのインタビューでドイツの一般世帯の苦しみに同情しており、食品価格が上昇していることは認識していると発言している。

ところで、この本が発売されるのは二〇二一年一二月末頃だが、ぜひ本書を手に取った時点の各国のCPIと、前述したCPIを比較していただきたい。インターネットで検索すると、割と簡単に見つけることができるだろう。もし、本書の発売時点におけるCPIがここに記載されているよりも上回っていれば、今回のインフレ懸念は〝本物〟である可能性が高い（そして私の予想ではそうなっているはずである）。仮にCPIが横ばいであったとしても、警戒を怠ってはならない。上昇率が横ばいだということは、「インフレが鎮静化していない」ことを意味しているからだ。

世界の不動産価格は狂乱状態

世界の不動産市場では今、まさに驚くべき話であふれかえっている。この話

OECD主要国・地域の相対的貧困率

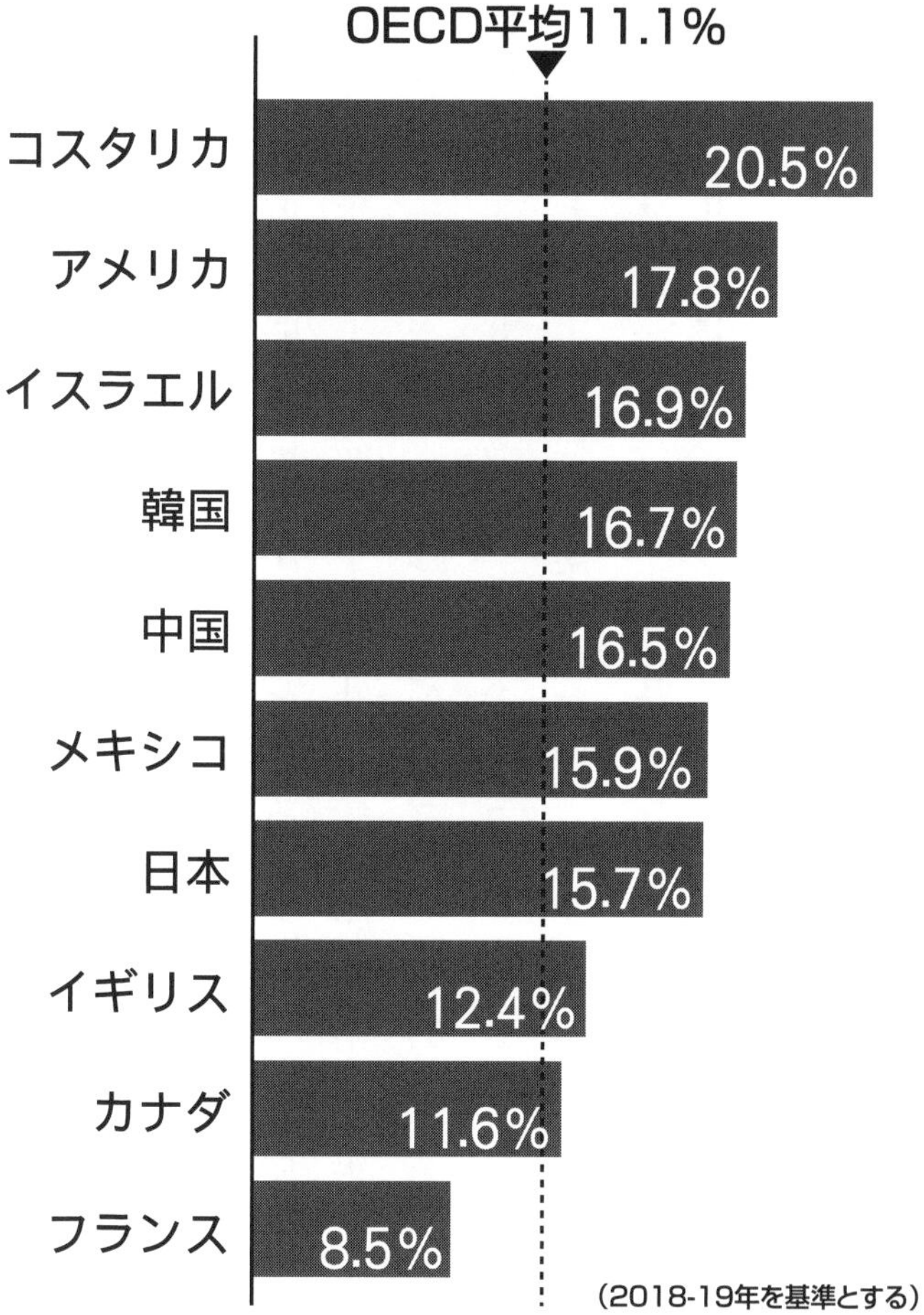

(2018-19年を基準とする)
※相対的貧困率とは：等価可処分所得の貧困線に満たない世帯員の割合
OECDのデータを基に作成

もその一つだ。正確には米マサチューセッツ州ニュートン（ボストンのベッドタウンとして有名）にある極狭（約二三平方メートル）の物件が日本円にして約五〇〇〇万円で売り出し中とのことだが、もはや笑い話にしか聞こえない。こうした〝笑い話〟は世界のあちらこちら聞こえてくる。
ＯＥＣＤ（経済協力開発機構）が集計している主要四〇ヵ国の住宅価格上昇率は、二〇二一年の一―三月期に年率で九・四％を記録し、三〇年振りに最高値を更新した。二〇一一年を一〇〇とした時、二〇二一年の一―三月期のＯＥＣＤ平均値は一三〇・九三を記録。中でも、ニュージーランドは同時点の住宅価格指数が一八七・六六に達し、主要国の中で最も高い状態だった。その他、インド（一六三・八五）、カナダ（一五七・一五）、アメリカ（一五二・八四）、ハンガリー（一五〇・七二）、ドイツ（一五〇・四五）などの住宅価格も過去一〇年で高騰している。

―――テキサス州オースティンからアイルランドのダブリン、韓国ソウルまで、各国の主要都市では世界的な不動産ブームにより、多くの世帯で手が全く出ないほどの水準まで住宅価格が高騰している。豪シドニーでは、四―六月期に住宅価格が一日当たり八七〇ドル（約九万七〇〇〇円）近く値上がり（不動産会社レイ・ホワイト調べ）。英国では、初回住宅購入者の支払額が一年前の水準を平均で三二％上回った（不動産代理店ベンハム・アンド・リーブス調べ）。
（ウォール・ストリート・ジャーナル二〇二一年九月二八日付）

ここ日本も、諸外国ほどではないが住宅価格は上昇している。とりわけ、都心部の新築マンションの値上がりが著しい。日本の不動産経済研究所によると、二〇二一年度上半期（四―九月）の一都三県の新築マンションの平均価格は、前年同期比一〇・一％上昇の六七〇二万円を付けた。一九七三年の調査開始以来、上半期としては過去最高額だという。住宅ジャーナリストの榊淳司氏は、週刊誌『AERA』電子版（二〇二一年一〇月二八日付）でこの価格を「驚き」

とし、首都圏の新築マンションは「もはや、庶民が手を出せないほどの価格となった」と評した。

日本の不動産は、一九八〇年代末のバブルが崩壊してから諸外国と比べれば「万年割安」と言われてきたが、実はここにきて都心部の不動産は過熱感が出てきている。その証拠に、スイスのＵＢＳグループが二〇二一年一〇月一三日に発表した「グローバル不動産バブル指数」では、東京の不動産価格は豪シドニーのそれよりも「過大評価」されており、危険水域に近付いているとの評価が下された。

世界的な不動産価格の上昇は、「家賃」の上昇を通じてインフレに火を点ける可能性がある。世界中の当局者が現在のインフレを「一過性」だと判断している最大の根拠は、それが供給制約を原因としているためというものであり、確かに供給制約が永遠に続くということはあり得ない。しかし、複数のエコノミストはインフレが長引く可能性を指摘しており、その根拠として「家賃の上昇」を挙げている。実際にアメリカの二〇二一年一〇月のＣＰＩ（消費者物価指数、

アジア主要国の住宅価格上昇率

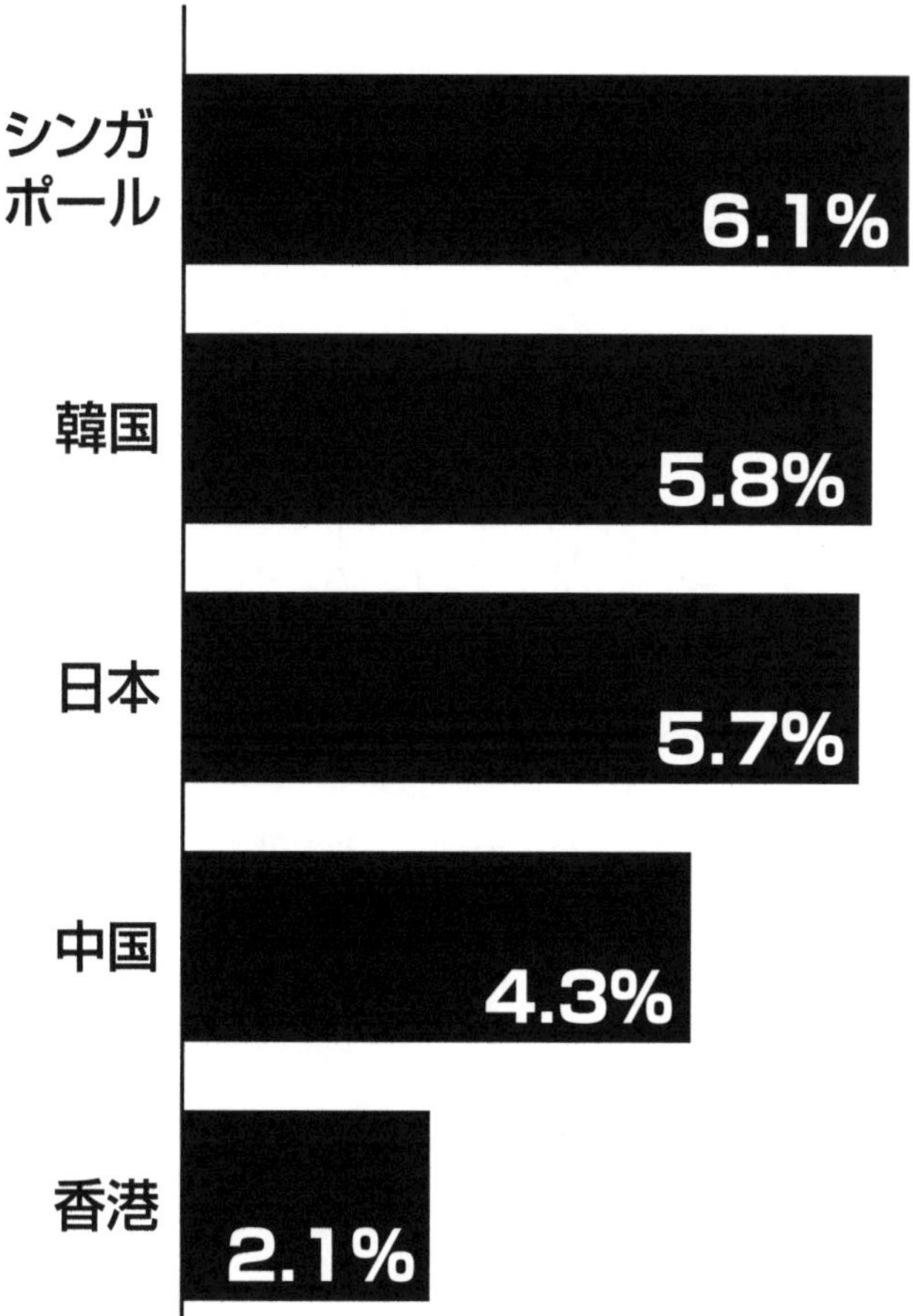

出所：Knight Frank's Global House Price Index
2021年第1四半期

季節調整済み）は前年同月比六・二％の上昇であったが、中でも食品や家賃の上昇が目立ち、消費者物価上昇分の半分強を占めた。

FHNフィナンシャル（ニューヨーク）のシニアエコノミスト、ウィル・コンパーノル氏は「家賃の上昇が続けば、インフレ高進が当初の予想より根強いものになる可能性がある」（ロイター二〇二一年一〇月一三日付）と指摘する。

二〇二一年九月三〇日付のブルームバーグは「米国で家賃上昇が加速―一年半で二桁の伸びは『衝撃的』」との見方」と題して、アメリカの家賃相場がいかに上昇しているかを報じた。記事は、掲載された家賃の中央値に基づく不動産サイト運営ジロー・グループの指数を引用し、八月のそれは前年同月比一一・五％の上昇であったと指摘。「フロリダ、ジョージア、ワシントンの各州の一部都市では二五％超の上昇が見られた」とし、「ニューヨーク市場では、オフィスや娯楽施設の再開に伴い人の流れが戻る中、家賃が最大七〇％引き上げられている」（同前）と伝えている。

先ほど、韓国では「値上がりしないものはない」と記したが、アメリカの方

アメリカの家賃の上昇率

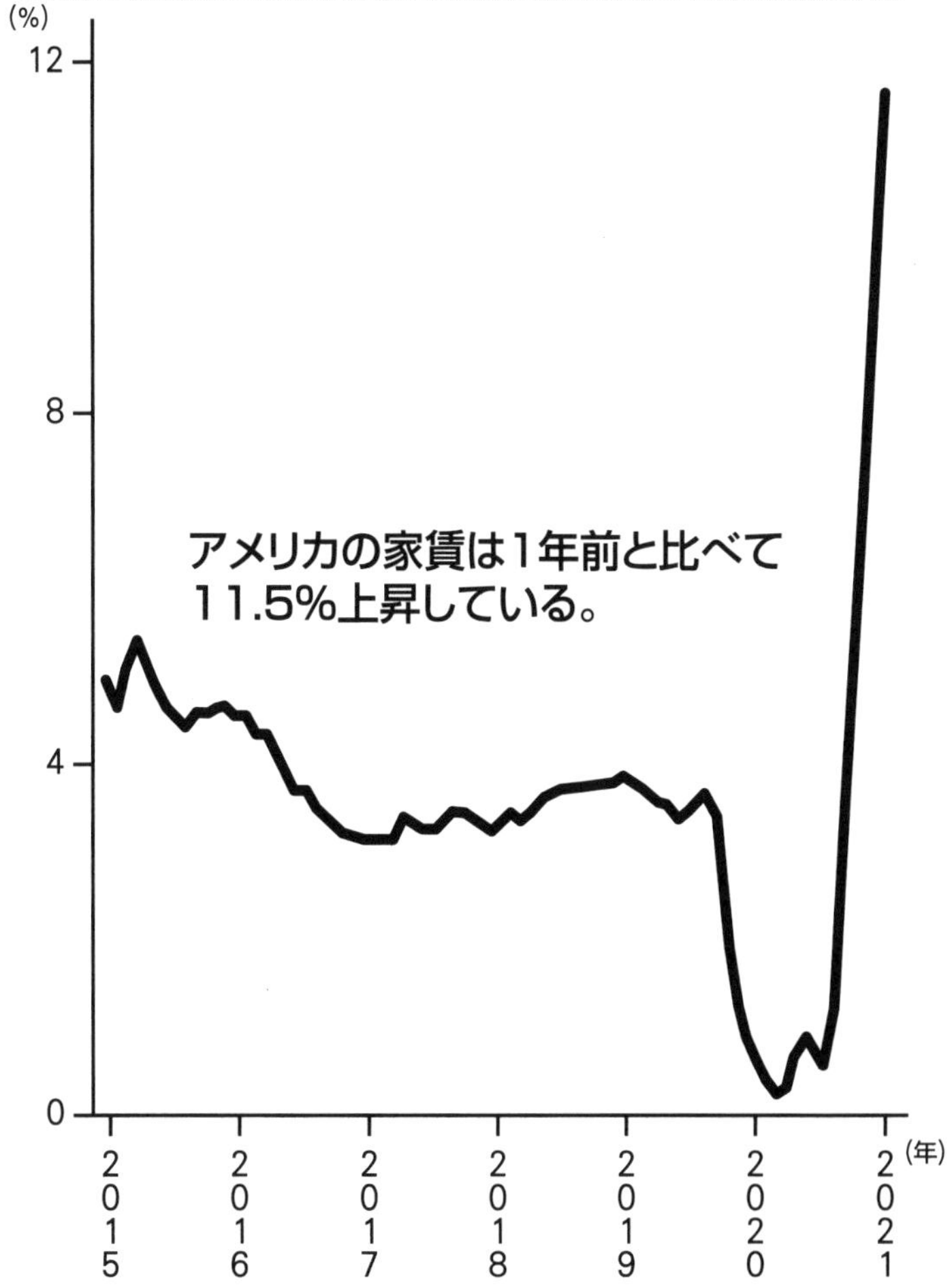

出所：Zillow Group

がより深刻である。食料品、消費財、ガソリン、人件費、家賃（住宅価格）のどれをとっても騰勢が著しい。ツイッター上では、現地に滞在する日本人の「物価の上がり方が半端ない」という悲痛な叫び声が氾濫している。

もはや、これをインフレと呼ばずに何と呼ぼうか。当局者が言う、「一過性」には注意した方がよい。むしろ、トレンドが完全に反転した可能性があることを、私たちは強く意識する必要がある。前述したように、ここ日本でも早ければ二〇二二年にインフレが襲来しても不思議ではないのだ。

今回のインフレは「一過性」に非ず。早急に備えるべし!!

第一生命経済研究所の試算なんですが、電気だけではなくて、ガスとかガソリンとか、そういったのも化石燃料も全部含めて去年二〇二〇年に比べて、今年二〇二一年の平均的な家庭の年間の負担が四万六〇〇〇円増える。恐らく二〇二一年、二〇二二年以降も上がりますから、多分さらに増えると思うんですね。こうなると消費にやっぱり影響が出てくると思いますし、今年は更に冬はラニーニャ現象で寒くなるということなんで、今年の冬は気温だけじゃなくて、お財布にも非常に厳しい、冬になるのかなと。

（テレビ朝日ホームページ「テレ朝news」）


二〇二一年一〇月三〇日、第一生命経済研究所の主席エコノミスト永濱利廣氏は、テレビ朝日（ANN）系列の番組でこう〝厳冬〟の到来を予告した。

結論からすると、ここ日本では、インフレの到来が最も過小評価されている。確かに、日本の物価上昇率は世界と比べると「ほぼゼロ」（物価はほぼ上がっていない）に等しい。しかし、足元では原油価格の上昇や円安によって輸入物価は着実に上がっており、二〇二一年九月の国内企業物価指数は前年比で六・三％も上昇している。それがいまだに消費者物価に跳ね返っていないのは、端的に企業努力のおかげだ。しかし、前出の永濱氏が言うように、ここ日本でもすでに輸入インフレのコストを消費者が負担を強いられ始めている。

ご存じのように、私たち日本人はエネルギーの九割以上を、そして食料の多く（二〇二〇年の日本の食料自給率はカロリーベースで三七％、生産額ベースで六七％）を外国産に依存しており、海外発のインフレと無関係ではいられない。日本における二〇二〇年分の「鉱物性燃料」の輸入額は、一一兆二五四九億円。このうち原油が四兆六五六四億円、液化天然ガス（ＬＮＧ）が三兆二〇八九億円を占めるが、これら鉱物性燃料のほとんどが外国産であり、これらが値上がりすれば、それはそっくり富が国外に流出したということになる。やっかいなことに日本人からすると、外国産エネルギーが値上がりすればそれはほぼ増税と同じ効果になってしまうのだ。

二〇二一年九月の輸入物価指数（円ベース）は、前年同月比三一・三％増と記録的な上昇となっている。比較可能な一九八一年以降では初めて三〇％を上回った。石油・石炭・天然ガスは七八％、木材・木製品・林産物は七二％上昇。金属・同製品も五七％上昇している。原油に代表されるコモディティー（商品）

日米欧インフレ指標比較

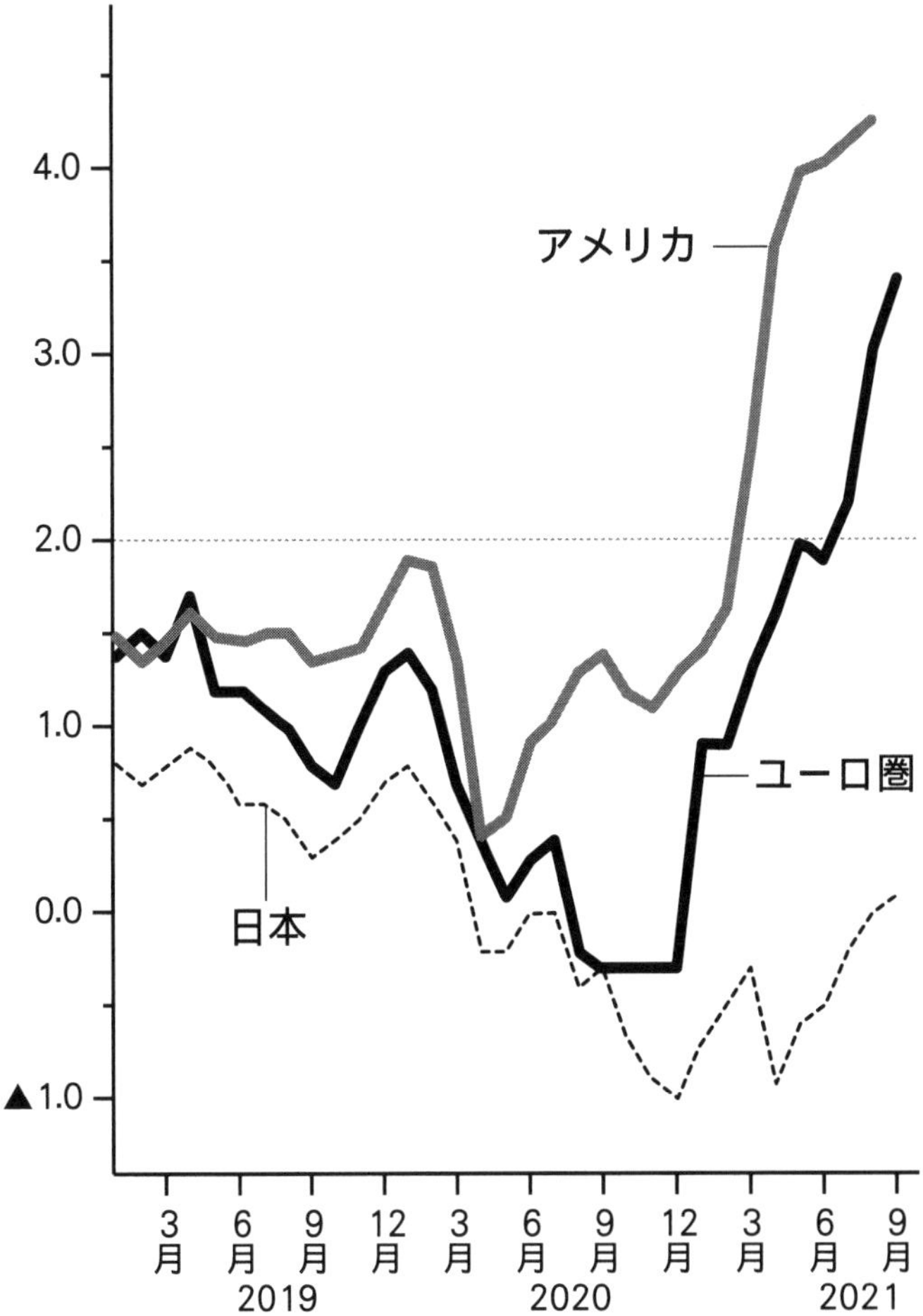

ブルームバーグのデータを基に作成

全般は、スーパーサイクル（中長期的な上昇局面）に突入したとも指摘されており、今後は高止まり傾向となる可能性は否定できない。そうなると、これから私たち日本人は「鉱物性燃料の輸入金額が著しく増加する事態」を想定しておく必要が出てくる。

最悪の場合、円安による輸入金額の増加→貿易赤字の拡大→さらなる円安、というスパイラル的な通貨安とインフレが発生することもあり得るからだ。

事実、原油価格が上昇し始めた二〇二一年八月から日本の貿易収支の赤字が急拡大しており、時を同じくして円安トレンドが発生している。原油高は、日本の貿易赤字拡大の観点から円安を想起させやすい。

外国人からすると、円安になれば日本製品の価格が低下するため、「円安は輸出を促進する」と解説されることが多いが、日本製品の国際競争力が落ちたことやグローバル企業の地産地消（現地で工場を作り、現地の人を雇用して現地の消費者に販売する）が定着して、近年は円安が輸出に対してプラスに働いていないことが確認されている。

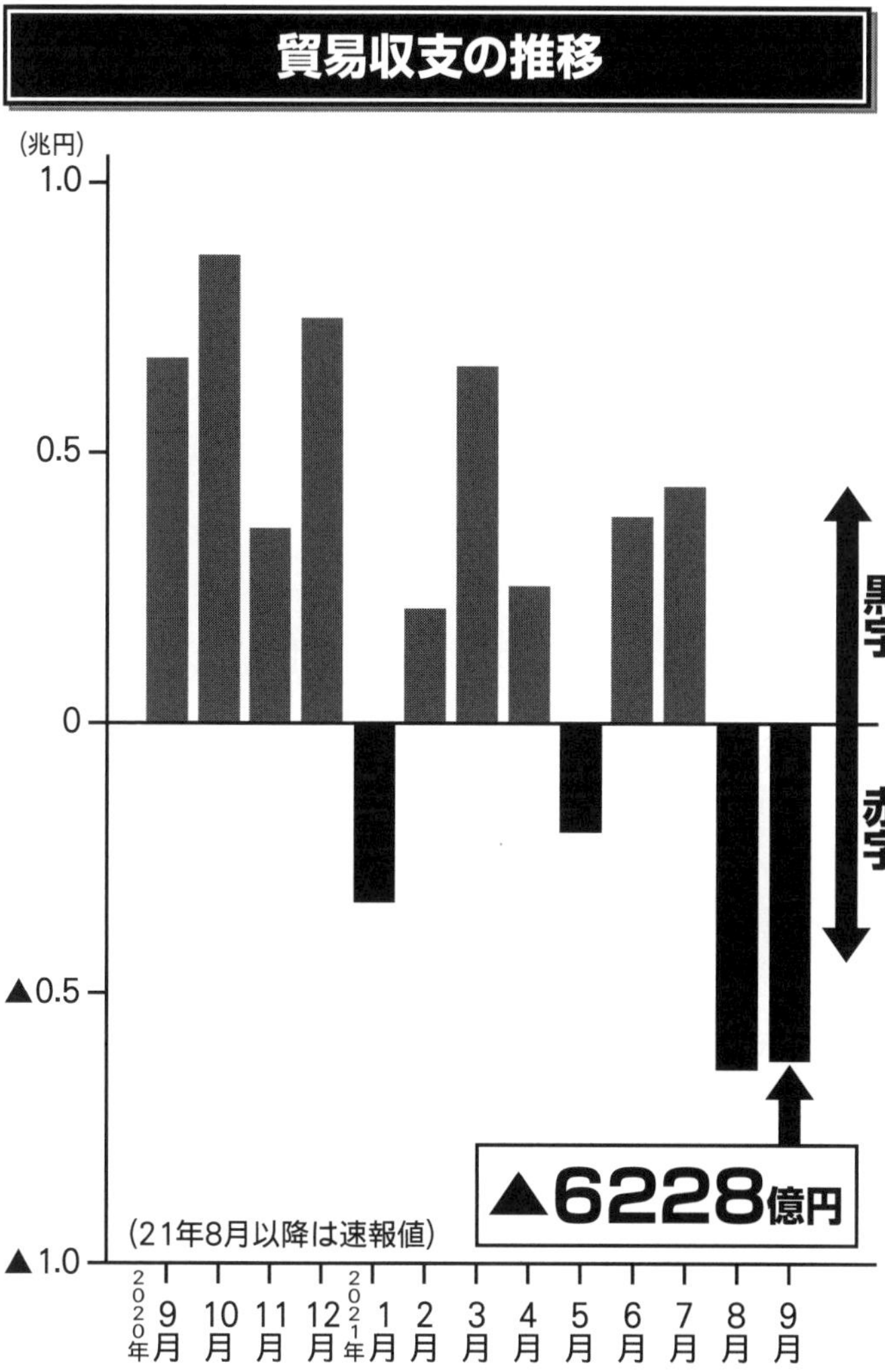

時事通信社のデータを基に作成

事実、日本の輸出額は二〇〇七年に八三兆九三〇〇億円を記録して以来、一度もこの水準を上回ったことがない。むしろ、二〇一一年の東日本大震災によって日本中の原子力発電所が停止したために、鉱物性燃料の輸入が増えたことから、かつては莫大な規模であった貿易収支の黒字が激減してしまっている。ここにきて日本の交易条件（輸出物価指数を輸入物価指数で除した比率。輸出物価に対して輸入物価が上昇すると交易条件は悪化し、自国の貿易にとって不利となる）は大幅に悪化しており、二〇一二年にかけては注意が必要だ。
ここに、中国発のインフレが追い打ちをかけるシナリオも現実味を帯びてきている。私たち日本人は、「一〇〇円ショップ」に代表される安い中国産の消費財の恩恵にあずかっているが、中国でもインフレが現実化しており、今後は「安いメイド・イン・チャイナ」を享受できなくなるかもしれない。消費財のほかにも、外食産業などはそれなりに安価な中国産食材に依存している。

―― 中国から安価な製品を購入するのが当たり前になっていた世界中の

中国の実質GDP成長率の推移

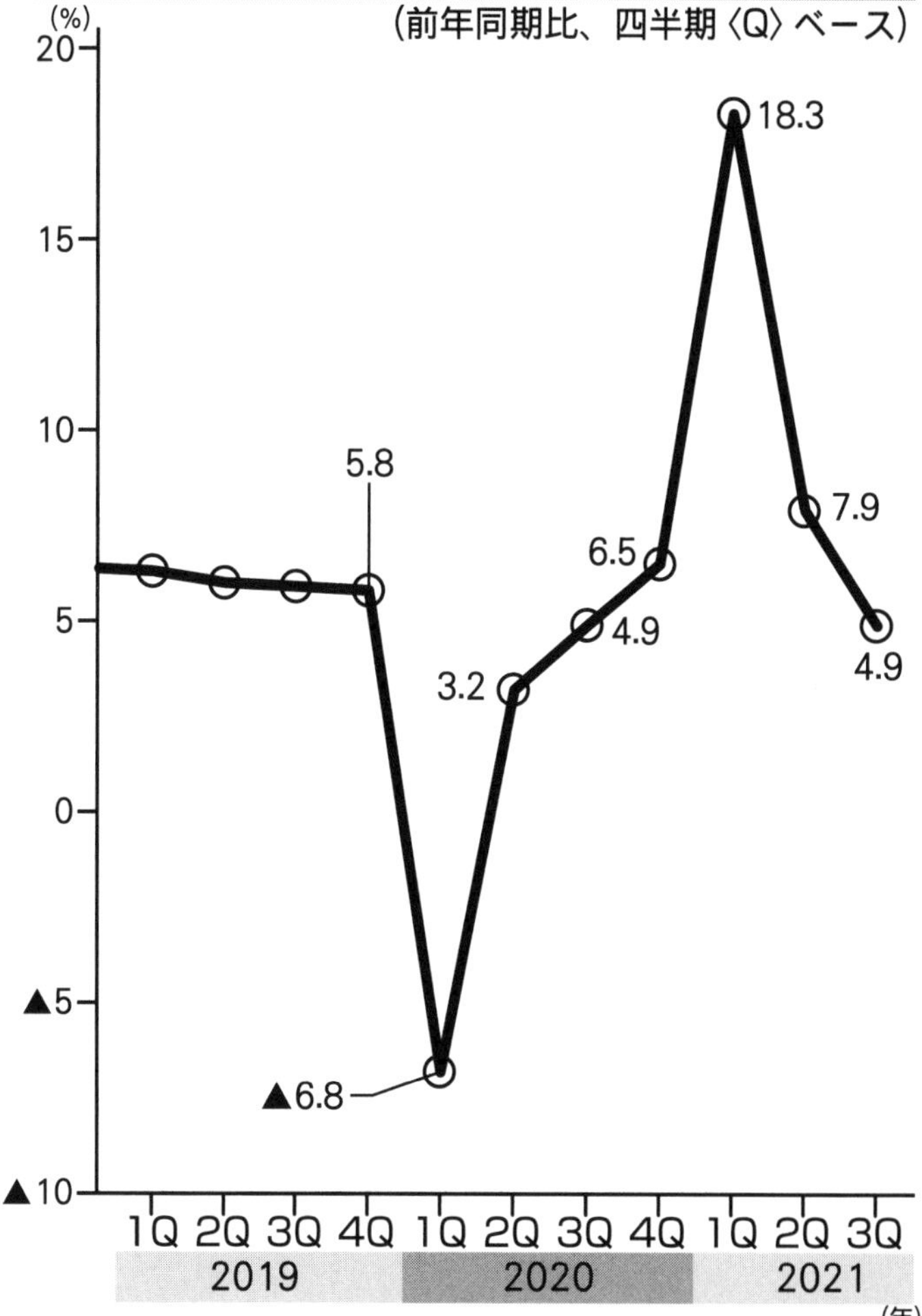

中国国家統計局、CEICのデータを基に作成

消費者は、この年末商戦期に衝撃を受けるかもしれない。中国の消費者物価指数（CPI）は、コモディティー価格高騰にもかかわらず横ばいを維持しているが、エネルギー危機と堅調な輸出需要を受け、限界まで我慢していた中国メーカーが国内外でいよいよコストを販売価格に転嫁するリスクが高まっているからだ。
（ロイター二〇二一年一〇月二一日付）

冗談ではなく、二〇二二年以降は日本から一〇〇円ショップが姿を消すかもしれない。

第二章

もうすぐスーパーの値札が三〇%上がる⁉——一〇〇均は絶滅、牛タンが二・五倍、卵は八〇%以上上昇

日本のインフレに「まったなし」

希少部位である牛たんの深刻な品不足により、仕入れ価格が高騰し、三倍にもなる事態となりました。やむを得ず販売価格を改定させていただいております。（ねぎしフードサービスホームページ）

二〇二一年九月、このような告知文を突然お店に貼り出したのは、首都圏に四〇店舗を構える牛タン専門店の「ねぎし」である。

牛タンの仕入れ価格高騰の背景には、①仕入れ元であるオーストラリアが干ばつに見舞われたことにより起きた牛の供給量の減少、②コロナ禍の影響による食肉加工業者での労働者不足、③特に中国などを中心とした牛タン需要の拡大、これら三つが主な要因として挙げられる。それにより、何と仕入れ値が三倍になる事態となったというのだ。

ここまで仕入れ値が急騰すると、もはやお店側の努力で価格を維持することはできない。それどころか大幅な価格改定が必要となり、九月一五日から「ねぎし」は看板メニューの厚切り牛タンを使った「白たんセット」をこれまでの一八五〇円から二四五〇円（＋三二％）へと、うす切り牛タンの「ねぎしセット」の方はこれまでの一四五〇円から一七五〇円（＋二一％）へと、それ以外のメニューもそれぞれ大きく値上げしたのである。

牛タンの値上げは、何も首都圏だけで起きているわけではない。牛タンの聖地とも呼ぶべき仙台でも、店舗によって異なるものの一五～二五％もの値上げを余儀なくされている。牛タンの価格は、新型コロナの騒動が起きる前までは通常一キロ一〇〇〇円で取引きされていた。それが昨年（二〇二〇年）春の緊急事態宣言後に需要が著しく低下したことから、一時一キロ五〇〇円にまで暴落したという。しかし、その後同じ年の一〇月から上昇し始め、二〇二一年三月から急騰、六月には一五〇〇円になり、さらに七～八月の現地船積み価格は二八〇〇円と、当初の三倍にまで急騰しているのである。〝仕入れ値三倍〟という数字は、まったく誇張ではないのだ。

仕入れ値が上がれば、価格は上げざるを得ない。当たり前のことだ。それをこれまで日本では、多少の仕入れ値の上昇であれば「企業努力」ということで、何とかしてなるべく価格に転嫁しないようにしてきた。しかし、牛タンのように仕入れ値が三倍と極端に高くなれば企業努力でカバーできるはずもなく、すぐに価格に転嫁されたのである。

牛タンに限らず、天候不順で二〇二一年秋に葉物野菜が一時的にめっぽう高くなった。レタスは前年に比べて二倍にもなり、ほかにもホウレンソウや小松菜など軒並み野菜が普段の一・五～二倍の価格に上昇したのだ。

この野菜価格の上昇は一時的であったが、同じ現象はサンマでも起きていた。北海道で二〇二一年八月下旬に初めて水揚げされたサンマは、一尾三七八〇円の値段が付いて話題を呼んだ。その後、九月には一尾二五〇円ほどまで落ちて、一〇月になり二〇〇円ほどと少し価格は落ち着いた。

ただ、注意してみるとつい数年前までは一尾一〇〇円ほどで購入できたわけで、サンマの価格はここ数年で確実に値上がりしている。サンマは、そろそろ高級魚の仲間入りを果たそうとしているのである。

今のインフレは世界規模で、しかも日本以外の国では信じられないほどの価格上昇を見せているわけだから、今度ばかりは日本も企業努力で価格を維持することは困難であろう。そして、それは牛タンなどの特定のものに限らず、商品全体に起こると考えた方がよい。スーパーのあらゆるものの値札が三〇％上がるのは、そう遠くないうちに起こるであろう。

パンが高ければケーキも高い

こと食料において、日本が世界のインフレの影響をもろに受けることは自明の理である。日本の食料自給率の低さは、皆さんもご存じだろう。食料自給率は何と三八％（カロリーベース）と、自国だけでは半分も生産することができないのだ。これでは、世界でインフレが発生すればおのずと日本の食料価格も上昇してしまうのである。

品目別でみると、自給率が低い（半分以下）のは、小麦一六％や牛肉九％、豚肉六％、鶏肉八％、鶏卵一一％、牛乳・乳製品二五％、果実三八％、大豆六％、砂糖類三四％、油脂類一三％などと多岐にわたる。一方で、十分に自給できている（自給率が半分以上）のは、米九七％、魚介類五二％、野菜七九％などと品目が少ない。しかも、ここで取り上げた主要な食料の品目すべてにおいて一〇〇％を超えるものがなく、日本の食料事情が海外からの輸入にいかに頼り切っているかがわかる。

さて、ここで肉・卵などの自給率の低さに疑問を持った方もいるかもしれない。「たしか、鶏卵のほとんどは国産のはずではないのか」「国産牛肉が九％、国産豚肉が六％ではあまりに低すぎる」といった疑問である。実はその指摘は正しく、国産の鶏卵は九六％、国産牛肉は三五％、国産豚肉は四九％とそれぞれ先ほどの数字よりも高いのである。では、なぜそれが一桁になるのか。その要因は、飼料にある。牛や豚、鶏などの家畜はトウモロコシや牧草の飼料を必

日本の食料品目別自給率

品　目	品目別自給率（%）	かっこ内はカロリーベース
米	97	
鶏卵	96	(12)
野菜	79	
鶏肉	64	(8)
牛乳・乳製品	59	(25)
魚介類	52	
豚肉	49	(6)
果実	38	
牛肉	35	(9)
砂糖類	34	
小麦	16	
油脂類	13	
大豆	6	

※かっこ内の数字は、飼料自給率を考慮した上での数字
農林水産省のデータを基に作成

要とするが、そのほとんどの飼料を日本は輸入に頼っているのだ。自前で用意できる飼料は四分の一ほどで、それを考慮すると国産の飼料で育った純粋に国内で生産された牛肉や豚肉、鶏肉は、先ほどの一桁の数字になるのだ。

飼料にも使われる海外のトウモロコシの価格は、すでに上昇を始めている。それと同じく小麦の価格も近年上昇を続けている。大手製粉メーカーは、二〇二一年春に小麦粉の値段を一斉に引き上げたが、この秋にも同じく一斉に値上げを行なっている。小麦粉を原料とするものは、パンやケーキ、うどん、パスタなど主食部分に多く、それらがすべて値上げの影響を受けるのである。

昔、フランス革命で処刑された王妃マリー・アントワネットは、パンがなくて飢えている民衆たちに「パンがなければケーキを食べればいいじゃないの」と言ったという逸話が残されている。パンもケーキも材料が同じなわけで、あまりに非常識な発言だが、近年ではその発言はアンチ王政の歴史家の創作話とされている。その発言をあえて今の小麦の価格上昇に当てはめると、「パンが高くなればケーキを買えばいいじゃないの」ということになるが、もちろんパンが高くなればケーキも高くなるわけで、それどころか、うどんやパスタなどの麺類など小麦粉を原料にしているものは例外なくすべてが高くなる。

このような、ベースとなる品目が徐々に値上がりしているのが今の状態である。しかも、食料に限らず原油高の影響からガソリンの値段も高くなっている。日本は、食料もエネルギーも自国ですべてを賄うことは不可能なのだから、高くなったからといって買わないという選択肢はない。世界的にインフレ傾向が強くなっている現状は、すでに待ったなしの危険な状況に近付いているのだ。

二〇二一年はインフレへの転換点

後から振り返ってみると、二〇二一年はちょうどインフレへの転換の年であったということがわかるだろう。昔からほとんど価格が上がらないことから、〝物価の優等生〟と呼ばれている卵。二〇二一年の夏は、その市場に異変が起きていた。ＪＡ全農が発表する東京において、卵Ｍサイズ一キログラムの価格が二〇二一年一月平均一四二円から六月平均二五九円と、五ヵ月の間に実に八〇％以上も上昇していたのである。

理由は、二つ指摘されている。一つは、鳥インフルエンザ蔓延による卵の供給減。もう一つは、例年よりも卵の消費量が増加したことである。卵の消費量が増加したのには、〝おうち時間〟が増えたことでのお菓子作りが考えられる。その後、七月平均から価格は少し下がり始めたが、これを一過性の動きと安心するのはまだ早い。二〇一六〜二〇二〇年の過去五年の価格と比べて、三月平均〜一〇月平均の八ヵ月間で、二〇二一年は一貫してトップの価格で推移しているのである。そして直近一一月中旬までのデータであるが、二〇二一年の平均は二一八円、ほかの年は二〇一六〜二〇二〇年まで順に二〇五円、二〇七円、一八〇円、一七三円、一七一円だから、すべての年で上回っている。しかも、ここ一、二年と比べると約三割も上回っているのだ。

最近価格が上昇しているものは、ほかにも上げられる。一種の資産運用の対象になっているという側面を持つが、高級時計や高級ブランド品、高級なお酒、

身近な商品の値上げが相次いでいる

会社・品目数	値上げ幅（時期）
A社 （家庭用小麦粉やパスタなど151品目）	**約3～9%** （2022年1月4日納品分以降）
B社 （家庭用小麦粉やパスタなど120品目）	**約1.5～9.5%** （2022年1月4日納品分以降）
C社 （食パンや菓子パンなど247品目）	**平均7.3%** （2022年1月1日納品分以降）
D社 （ポテトチップスなど17品目）	**約7～10%** （2022年1月24日納品分以降）
E社 （牛丼、牛カルビ丼など）	牛丼並盛（店内飲食）は387円から**426円に** （2021年10月29日以降）
F社 （しょうゆ164品目、豆乳52品目）	**約4～10%** （2022年2月16日納品分以降）

2021年11月23日付毎日新聞の記事を参考に作成

高級車など価格の高騰が著しい。時計ではロレックスの、特にスポーツモデルの「デイトナ」の価格が高騰している。コロナ禍でスイスの工場が稼働停止したことが拍車をかけ、定価の倍の価格で取引されている。三年前に二五〇万円で購入できたものが、現在では五〇〇万円弱にもなったりしている。

ブランドバッグも中古価格が高騰している。一部の商品では、二〇一九年までと比べて二〜三倍になっているものもある。高級車のベンツでも、新車よりも高い価格の中古車が取引きされている。

極め付けは高級なお酒で、特に日本のウイスキーはとんでもなく高騰し、考えられないような高値で取引きされたりしている。最も有名なものは、サントリーシングルモルトウイスキー「山崎55年」だろう。二〇二〇年六月三〇日に一〇〇本限定、定価三〇〇万円で抽選販売がされたこのお酒は、その年の八月二一日に開かれた香港のオークションで何と八五〇〇万円で落札されたのである。バーでコップ一杯頼んだら一〇〇〇万円という、とんでもない世界である。

このように高級品が異常な値上がりを見せるのには、コロナ対策として世界規模で行なわれた政府や中央銀行によるばら撒きが大きく影響しているだろう。それによって、日経平均は二〇二一年九月一四日にバブル崩壊後、実に三一年振りの高水準である高値三万六七〇円一〇銭を付けた。アメリカでは連日のように最高値更新を続け、直近の二〇二一年一一月初旬ではニューヨークダウ、S＆P500、ナスダックの主要三指数で連続で高値更新を続けた。ナスダックに至っては、一一月八日までで実に一一連騰しているのである。

その結果、このコロナ禍の中で特に投資を生業にしていたり自社株を大量に保有していたりする富裕層の資産は、とんでもなく殖えたのである。その購買力によって、高級品は日用品よりもひどいインフレがすでに発生しているのだ。

富裕層が富めば、やがてその下の低所得者にも富が滴《したた》り落ち、全体的に豊かになるとされる「トリクルダウン理論」という考え方がある。ただ、実際に今回のばら撒きではそのような現象はほとんど見られず、逆に富の格差はさらに広がったように見受けられる。一方で、富裕層が作り出した高級品を中心に広がったインフレが、庶民の間にも滴り落ちて広がり始めているようにも見えるのが何とも皮肉である。庶民は富を得るどころか、逆にインフレで苦しめられている状態なのだ。

しかも、インフレはこれで終わりではない。いよいよ、さらなる上昇が始まろうとしている。というのも、日本において二〇二一年一〇月の企業物価が四〇年振りの伸び率を記録したのである。日銀が発表した二〇二一年一〇月の企業物価指数は、前年同月比で八・〇%上昇している。この伸び率は一九八一年一月の八・一%上昇以来の伸び率で、何と四〇年九ヵ月振りのことが起きたのである。一九八一年一月と言えば第二次石油ショックの真っ只中で、その時の伸び率と直近二〇二一年一〇月の伸び率がほぼ同じになったのだ。

企業物価指数は、企業間での取引価格を指数化したもので、これが高まると一般消費者が取引きする価格に転嫁されることになる。つまり、インフレはピークアウトしている状態ではなく、まだこれから物価が高くなる可能性が示唆されているのである。

ところで、日本の企業はインフレになったらどうするのだろう。日本企業の

企業物価指数の推移

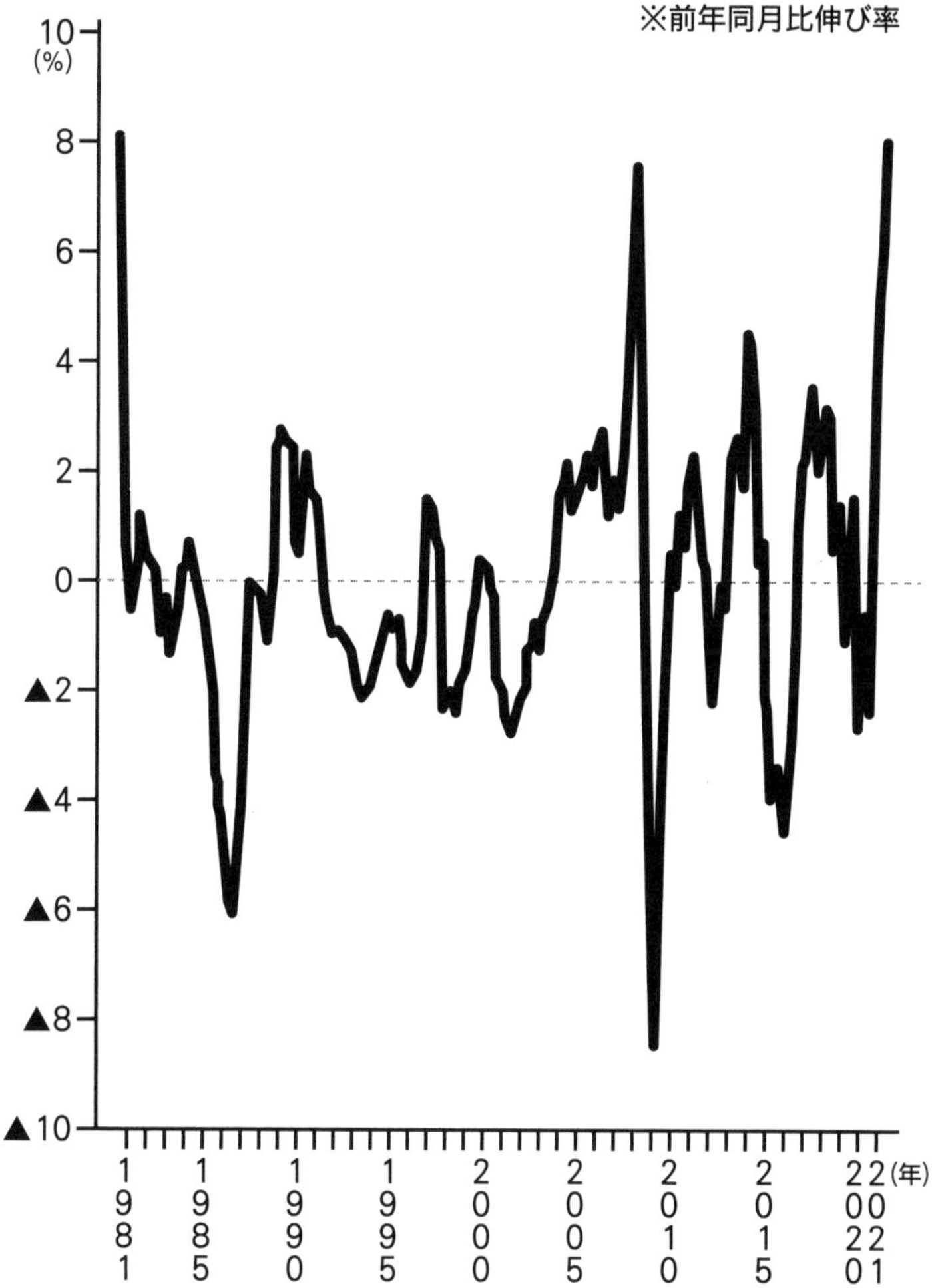

日本銀行のデータを基に作成

二〇二〇年度末の内部留保は前年度末に比べ二・〇%増で、九年連続で過去最高を記録している。その額は、四八四兆三六四八億円と途方もない金額である。日本では、国家としての戦略や方向性が定まっていないからお金が設備投資などに回されず、企業の中で滞留しているのだ。その額は年々増加しているわけで、ほかの先進国と比べてGDPが伸び悩んでいる理由もよく理解できる。

しかし問題は、この溜まりに溜まった巨額の内部留保が現在の世界規模でのインフレによって棄損しようとしていることだ。世界経済がこれからインフレという新しい局面に突入しようとしている中で、日本は国民そして企業の両方でそのインフレによって痛手を負い、出遅れてしまうという悲惨な状況になるのかもしれない。

ものがあふれていてもインフレになる

そもそも、ものの価格は需要と供給のバランスで決まる。だから、よくインフレの話をすると「こんなにものがあふれている日本では、インフレは考えられない」という声が出たりするが、それはまったくの誤りである。確かに、ものの価格は需要と供給で決まるが、それは供給が多ければインフレにならないということではない。何らかの要因で需給バランスが崩れてしまうと、簡単にインフレになってしまうのだ。

思い出してほしい。二〇二〇年の春に新型コロナウイルスが世間に認識され始めた時、スーパーやドラッグストアからマスクが一斉に消えたことを。そして、たまに入荷された時には長蛇の列ができ、すぐに売り切れた。しかも、価格は安売りしていない状態の定価どころか、新型コロナ前と比べて極端に値上がりしていた。一箱五〇枚入りのマスクは、新型コロナ前に五〇〇円ほどで何箱でも制限なしに購入できた。それが二月から徐々に店頭から消え、三月からは個数限定の商品になった。その時の価格は、二〇〇〇円ほどで売られたりしていた。数ヵ月の間に何と四倍も値上がりして、しかも個数限定の商品になったのである。そして、その値上がりしたマスクを並んで購入し、八〇〇〇円や一万円というさらに高い値段で転売する不当な輩《やから》も現れたのである。これは、完全に需給バランスが崩れた例と言えるだろう。

新型コロナの影響で、マスクや消毒液などが店頭から消えたことは記憶に新しい。ただ、このようなことは初めてのことではなく、過去にも似たようなことはたびたび起きている。マスクや消毒液といった一部の医療品ではなく水や食糧、電池などの日用品が、瞬間的にではあるが一斉に、特にコンビニから姿を消したケースもあった。今から一〇年以上前の東日本大震災直後の話である。

流石に、新型コロナ時のマスクのように理不尽なほどの極端な値上げはほとんど見られなかったが、コンビニでほぼ定価で売られている商品が姿を消したわけだから、決してスーパーの安売り価格でのやり取りではなかった。しかも、コンビニが一部の商品を除いてほぼ空っぽになるという異常事態が起きたのである。確かに、商品によっては東日本大震災によって傷んだインフラにより一時的に入手困難になったものはあったが、それとは関係のないものまで、というよりも発生した直後にはほぼすべての商品が綺麗になくなったのである。

何を申し上げたいかといえば、人がパニックになることで一時的に需給バランスが崩れると、ものがなくなったり、インフレになったりするということである。そうなった時は、供給側でいくら生産に余裕がある状態であろうとも、もう関係なくなるのである。

もう一つ、人々がパニックになりインフレを引き起こした例を歴史から拾い上げてみよう。ご年配の方なら自らが経験して記憶に残っているだろうが、一九七〇年代の〝石油ショック〟だ。

きっかけは第四次中東戦争に端を発した「第一次石油ショック」だった。一九七三年一〇月六日、第四次中東戦争（イスラエルとエジプト・シリアの戦争）が勃発。これを契機に一〇月一六日、OPEC（石油輸出国機構）加盟産油国のうちペルシャ湾岸の六ヵ国が、原油公示価格を一バレル＝三・〇一ドルから五・一二ドルへ、七〇%も引き上げると発表したのだ。

そしてその後、OPECによる原油への規制が矢継ぎ早に出された。公示価格の大幅引き上げ発表の翌日一〇月一七日に、原油生産の段階的削減を決定。

一〇月二〇日以降は、イスラエルが占領地から撤退するまでアメリカやオランダなどのイスラエル支持国への経済制裁（石油禁輸）を相次いで決定した。

さらに、その年の一二月二三日には翌年の一九七四年一月から原油価格五・一二ドルを、二倍以上となる一一・六五ドルへ引き上げると決定したのである。

このわずか三ヵ月もない間に、原油価格は三・〇一ドルから一一・六五ドルへ、何と四倍近くも上昇したのである。

当時、石油はすでに石炭を抜いて一次エネルギー源の第一位になっていた。そのシェアは世界全体で見ると四七％強を占め、西側先進国では五三％強、そして日本では、実に七七％強にまで達していた。石油がなければほとんどのことに差し支えがあるような割合である。そのベースとなる原油が短期間で四倍近くにも跳ね上がったのだから、世界中がパニックになった。北半球では、ちょうど冬真っ只中で暖房が必要となる季節だったこともあり、人々の不安は最高潮に高まった。特に、石油依存度が高くそのほぼすべてを輸入に頼っている日本では大パニックとなり、政府は緊急の対策を布いた。

一九七三年一一月、一一業種に対して電力と石油の一〇％供給削減措置が取られた。翌月一二月には、緊急立法として「石油需給適正化法」と「国民生活安定緊急措置法」の「石油緊急二法」が通常国会の冒頭に上程され、すぐに可決、同月に公布施行されたのである。この石油緊急二法によって、一般企業への石油、電力の二〇％削減や民間へのエネルギー節減要請が出された。

加えて政府は、それまで〝消費は美徳〟と、ある種使い捨てを奨励してきた方針を一転し、今度は正反対の〝節約は美徳〟をスローガンに掲げた。そして、マイカー自粛、テレビの放映時間短縮、ネオン中止、ガソリンスタンドの日曜祭日の営業停止などの自粛を行なったのである。方法や規制の対象は異なるが、まるで今回の新型コロナの緊急事態宣言時のような措置を行なったわけだ。

ちなみに一九七三年一二月に公布されたこの石油緊急二法は、時限立法ではなく恒久立法として制定されており、石油供給に対して緊急事態が発生した際には直ちに発動できるものとして、現在も有効な法律である。

この過去の日本の石油ショックにおいて学ぶべき教訓は、三つ挙げられる。

一つ目は、供給量が十分あったとしても供給側が出し惜しみすれば需給バランスは崩れインフレになるということだ。だから、たとえものがあふれている現在においても、何らかの要因さえあればインフレは突然発生したりするのだ。特に、自国で生産することができず輸入に頼り切っているものについては、足元を見られ供給が不足する可能性があることを考慮しておく必要がある。

二つ目は、理由はどうあれ何らかの緊急事態に陥れば、政府は法を策定し国民を規制で縛るということだ。一九七〇年代の石油緊急二法や最近では二〇二〇年代の「新型インフルエンザ等対策特別措置法」の一部改正と過去にも事例があるわけで、財政が世界最悪の状況に陥っている日本においては十分注意したい要素である。

さて、最後の三つ目が非常に興味深いことだ。それは、流言飛語によって人々はパニックに陥り、冷静な判断ができなくなるということだ。これについて、詳しく見てみよう。

引き起こされたトイレットペーパー騒動の裏事情

世界規模での石油ショック、そのきっかけになった一九七三年一一月原油価格七割引き上げの情報は、実はかなり早い段階で当時のクウェート大使である石川良孝氏から日本政府に第一報の公電で送られていた。その後、石川氏は必死に情報を集め、石油供給が全体の二五％削減されることを知る。

ただ、その二五％の削減分はイスラエルを軍事支援するアメリカやオランダなどへの全面禁輸の分で、日本向けはそれほど減らないということを冷静に分析した。それと同時に、値上げ告知の数日前である一九七三年一一月四日、クウェートのシェラトンホテルでアラブ首長国連邦（ＵＡＥ）石油相のオタバイ氏と石川氏は面談。その際、オタバイ氏から「日本は友好国なので、供給に心配はいらない」という心強い発言をもらい、日本の原油供給は問題ないという裏取りを行なった。すぐに石川氏は外務省に、日本は今回の標的ではなく深刻な石油不足にはならない旨の報告を行なったのである。

しかし、すでに事態は進展していた。石川氏が第一報で伝えた情報が独り歩きし、輸出が削減されないうちから日本では石油が消えることを危惧し、大混乱に陥ったのである。人々はガソリンや灯油を買い漁ったばかりか、それ以外のトイレットペーパーや砂糖などほとんど関係なさそうな商品まで買いだめの対象になったのだ。

その後行なわれた、中東全域の大使が集まる危機対策会議では、石川氏以外の大使から「来年（一九七四）三月末には日本に一滴も原油が入らなくなる」という悲観論が漏れたという。石川氏は慌ててアラブ首長国連邦に飛び、再び石油相のオタバイ氏と面談、再度「日本は友好国である」という言質を取った。それからほどなくして、その言質通り日本の友好国入りが発表され、そこから日本の石油パニックは終息に向かった。

後から振り返ってみると、この石油パニックではおかしな現象が起きていた。足りなくなるとされた原油の一九七三年一〇―一二月の輸入は、前年同期比で一一％増。つまり、原油はそれまで以上に輸入され、日本国内にはあふれていたのである。また、この狂乱状態ではすべての物価が平均二割増しになったが、日銀の分析によると元々の原因である原油による値上げはその半分で、残り半分は便乗値上げや買い占めなどの国内の問題によるものだった。

有益な情報を事前に掴みながら、それがまったく活かされなかったという辛酸をなめた石川氏は、のちにある商社マンに教わった言葉を教訓として刻んだ――「少数の人が話す本当の話は嘘にされ、多くの人が話す嘘の話は本当になってしまう」。これだけフェイクニュースが巷にあふれる現代においても、噛み締めたい名言である。

さて、石油ショックの舞台裏をお見せしたが、今度はその時発生したトイレットペーパー騒動の裏事情にさらに踏み込んでみよう。

石油ショックにより政府が掲げた〝節約は美徳〟のスローガンは、製紙業界にも適用された。実は当時、製紙業界は石油とは別の問題を抱えていた。その前の一九七二年から、パルプの輸入価格の上昇などで紙の価格が徐々に上昇していたのだ。それを背景とし、一九七三年一〇月一九日に当時の通産大臣である中曽根康弘氏が紙の節約を呼びかけたのである。石油ショックですでにパニックが起き始めている中、その発言から国民は不穏な空気を感じ取っていた。

そして、トイレットペーパー騒動を決定付ける事件が起きた。大臣による節約推奨の発言がされたその月の終わりの一〇月三一日、大阪府北部の千里ニュータウンの大型スーパーがトイレットペーパーの特売を行なったのだ。用意した数は一四〇〇パック、普段なら十分の量だったはずが最近の注目度合いから客が殺到し、わずか二時間で売り切れた。そのため、特売価格ではなく別のトイレットペーパーを通常価格で店頭に並べたところ、それが一日の中での大幅な値上げと誤解されたのだ。

それがうわさとなり、報道では品不足に便乗した値上げと批判するところが出た。それをきっかけに日本国中が一気にパニックとなった。東京など主要都市のスーパーに騒動が飛び火、トイレットペーパーに限らず砂糖や塩、洗剤なども買いだめの対象になった。

そしてこの混乱は、それから約半年後の一九七四年春まで続いたのである。

今回は一時的ではすまないインフレへ

需給バランスが崩れた時に起こるインフレは、大抵一時的なことが多い。過去に起きた石油ショックや東日本大震災時のパニック、新型コロナによるマスクや消毒液の買いだめは、しばらくするとすべて元通りになった。ただし、ここ最近起きているインフレは、一過性のインフレではない可能性が高い。

まず、今回のインフレでは新型コロナによってサプライチェーンが崩壊してしまったことにも一つの要因がある。物流にとって欠かせない輸送手段は船、つまり海運である。この海運が新型コロナによる人員不足などから大パニックを起こしているのだ。この海運のパニックについては次章でも触れるが、ここでも簡単に触れておこう。

海運の人員にはインド人や中国人が多いわけだが、新型コロナのデルタ株が流行った際に、インド人の乗組員は雇止めにされたり、寄港地での下船を制限されたりした。それにより深刻な人員不足に陥り、乗組員は争奪戦が起きるまでになった。また寄港地が一時閉鎖されるケースも出た。

二〇二一年夏、中国の長江河口に位置する寧波舟山港《ねいはしゅうざん》で作業員に新型コロナ感染者が出たことから港の一部を閉鎖、加えて全域に厳しい規制を布いた。寧波舟山港は、貨物の取扱量が世界最大、コンテナの取扱いは世界第三位の世界有数の巨大港である。それが機能不全に陥ったわけで、今まで見たことがない入港待ちのコンテナ船の渋滞が発生したのである。

このような〝海運パニック〟は、品不足や運搬費用の高騰につながり、それが商品の価格に転嫁される形でインフレが深刻化してくるのだ。

だから、ひとまず今回のインフレは、新型コロナ騒ぎが世界中で落ち着くまでの間、しばらく続くことが容易に考えられる。そして騒動が収まったとしても、すぐにインフレが改善されることはないだろう。これまで想定されていなかったリスクが露呈したことで、その渦中にいる方は「再度同じことが起きたら」と不安になっていることだろう。誰もが疑心暗鬼になる中で、当分サプライチェーンは崩れたままの状態に陥る可能性が高い。そして、サプライチェーンが繋がり何とかまともに動くようになったとしても、それが完全にコロナ前の状態に戻るかどうかは怪しい。

そして、もう一つ今回のインフレが一時的ではすまない理由は、そろそろ企業努力が限界を迎えているということだ。一九九〇年のバブル崩壊以降、これまで日本で生活する上でインフレを感じる場面はまったくなかった。だから、そもそも日本ではインフレが起きる要素は発生しておらず、これからも起きないと考える方もいるかもしれないが、これは完全に勘違いである。

これまで消費者側でインフレの実感がなかった背景には、企業の涙ぐましい努力があった。特に中小企業は、海外からの材料が高くなっても、それを加工してほかの大企業などに卸す時に買い叩かれたりしながら、卸値にほとんど転嫁できなかったのである。

かたや大企業でも、企業努力の末、今から二〇年以上前よりも値段が安いものが存在したりする。「マクドナルド」のハンバーガーや、「吉野家」の牛丼などである。「マクドナルド」のハンバーガーや「吉野家」の牛丼は、まさにデフレを象徴するものであった。二〇〇〇年代にもなって、ハンバーガー一個六五円や牛丼一杯二八〇円という破格の値段で提供していたのには驚がくする。

では、そのデフレの象徴と呼ばれる前はいくらだったかと言えば、一九九八年のハンバーガーは一三〇円、牛丼は四〇〇円である。それが現在、ハンバーガーは一一〇円と何と二〇年以上も前より安くなっているのである。そして、牛丼は最近の輸入食材の値上がりを受け、二〇二一年一〇月二九日に価格改定を行なっているが、行なう前は三八七円とこちらも二〇年以上前よりも安く、価格改定を行なった後でも四二六円と、二〇年以上前とそれほど変わっていないのである。

さて、この二〇年以上前よりも安い、またはほぼ変わらない値段のハンバーガーと牛丼はまさに企業努力の賜物であるが、その陰で大きく犠牲にされたものがある。それは、そこで働く「従業員の給料」である。商品の価格が二〇年以上前とほぼ変わらないということは、その中でかけているコストがほぼ変わらないわけで、そうなると従業員の給料もほぼ変わっていないのである。そしてこの現象は、「マクドナルド」や「吉野家」だけではなく、日本のすべての企業に共通して当てはまる。

これまで、企業努力を合言葉に一番削られてきたのが「人件費」である。詳しい状況は第四章「三〇年間、給料が上がらない国」で説明しているが、現在の日本の人件費は先進国の中で底辺に位置している。それなのに「お客様は神様です」というフレーズがはびこり、特に接客業では最上級のおもてなしが求められる。このような状況だから、外国人労働者からも段々見放されつつある。

そして、これまでは上がらない給与がインフレを抑制してきたが、それがどうも限界を迎えつつある。ほかに削るものがない中で、海外の要因で材料価格などが上昇しているわけで、そろそろ日本でインフレが本格化してもまったくおかしくないのである。

「もはやデフレではない」

先ほどから、企業努力で商品の価格が変わっていないという話をしてきたが、価格を据え置いたままで仕入れ値の上昇を商品に転嫁するという裏技を使っているところも出始めている。一見しただけでは気付かないインフレ、つまり〝ステルスインフレ〟が起き始めている。

ステルスインフレには、二つの種類がある。一つは、容量を落とす方法。たとえば、ウインナーなどでこれまで一袋に六本入っていたところを五本に減らすなどとあからさまに数を変更するものもあれば、一本あたりの量を少しずつ削ってわかりにくく減らしたりするもののもある。そしてもう一つは、量ではなく質を落とす方法だ。評価の高いブランドの原料を使っていたものを普通の原料に変更したり、国産の原料を安い外国産にしたりするのだ。

ただ、これにも限界はある。あまりにも量を削るわけにも、質を落とすわけにも行かない。どこかで価格に転嫁する必要があり、それが現在起き始めている値上げ（インフレ）なのである。

このインフレへの価格の転嫁は、最初はゆっくりスタートしながら、徐々にスピードを速めながら広がって行くだろう。だから、今後はデフレを念頭に置いた商売は成り立たなくなる可能性が高い。人気の一〇〇円ショップなどはまさにその典型で、いずれ気付いた時には一〇〇円ではない価格になっているか、著しく店舗が少なくなっているか、どちらかの道をたどるだろう。

一九四五年に終戦を迎え、それから一一年後の一九五六年度の経済白書の序文には「もはや戦後ではない」と戦後復興を象徴した言葉が書かれた。それを文字っててか、数年前から日銀の黒田総裁は「もはやデフレではない」という言葉を頻繁に使っている。デフレからの脱却を強くアピールしての言葉だが、ようやく最近になってその実感が湧きつつある。

そして、その傾向はますます強くなっている。おそらくもう一～二年すれば新しい言葉が必要になるだろう。「もはやインフレである」と。それだけ身近にまでインフレが迫ってきているのである。そして最後にはこうなるだろう――
「すでに手に負えないインフレである」と。

第三章

部品、建築資材、中古車……すべてが足りない！——世界の海運（船、コンテナ）が大混乱。ばら撒かれたお金が物価をどんどん上げる

「万物の不足」――すべてが足りない

（前略）「こうした事件は県内でこれまで聞いたことがなかった」。愛知県警関係者はこう話す。今年九月に愛知県長久手市でトヨタ自動車のハイブリッド車（HV）、プリウスの盗難事件が起きた。その後、発見された車からは、排ガス浄化に使う「触媒コンバーター」が切り取られていた。（後略）（日本経済新聞二〇二一年一〇月二五日付）

警察関係者の首をひねらせたこの事件、盗難されたトヨタ車プリウスから発見されたのは刑事ドラマではお決まりの変死体などではなく、「触媒コンバーター」が抜き取られた形跡」だったのである。確かに不可解だ。
記事は、「（前略）事件の背景には金属の国際価格の高騰がある（後略）」とし、「（前略）コンバーターにはロジウムやパラジウムが使われている。一台の車での使用量は数グラムと少ないものの、プラチナ（白金）の副産物の白金族に分類され産出量が少なく、もともと高価だ（後略）」と説明している。

そう、この事件は過去に類を見ないような金属の盗難事件だったのだ。ちなみに、ロジウムの価格は二〇二〇年後半から急騰し、二〇二一年三月には前年同月比五倍の一トロイオンス（約三一グラム）あたり三万ドル弱と史上最高値を付けている。パラジウムも、ここにきて最高値を記録した。価格高騰を背景に日本だけでなく世界各地でこうした金属類の盗難が相次いでいる模様だ――「（前略）希少な貴金属が使われている自動車部品の盗難が米国や英国で二〇二〇～二一年にかけて急増。日本でも同様の事件が発生したうえ、銅材などの窃盗が二一年八月に前年同月比八割増えた（後略）」（同前）。

新型コロナウイルスのパンデミック（世界的大流行）は、過去数十年で初めてと言えるほどの「もの不足」を世界に生じさせたのである。特に世界最大の消費国として知られるアメリカでは、ようやくコロナ禍が明けて〝リベンジ消費〟が盛んになるタイミングでサプライチェーン（供給網）が混乱をきたした。

そのため最近のアメリカでは、ありとあらゆるものが不足している。この状況を米誌アトランティックは、「万物の不足」（二〇二一年一〇月七日付）と呼んだ。エネルギー、金属、農作物の先物二三銘柄で構成されるブルームバーグ商品スポット指数は、二〇二一年一〇月四日に過去最高値を記録している。同指数は、二〇二〇年三月のコロナショックの際に四年振りの安値を付けてからおよそ九〇％も急騰した。いかに、新型コロナウイルスのパンデミックがもの不足を招いたかという証左と言える。

過去に同指数が高値を付けたのは二〇一一年のことだが、この時はリーマン・ショック後の中国の「爆食」（大規模な財政出動による資源確保）が主な要因であったが、今回はサプライチェーンの混乱と世界的な「カネ余り」を受けた商品への投機が原因だ。このサプライチェーンの混乱とカネ余りが早々に解消される兆しはほぼなく、今後も同指数の高止まりが続く公算は高い。

今回の供給制約で特筆すべきは、輸送網の混乱振りである。一般的に輸送網と言われるものには、空路、海路、陸路などがあるが、とりわけコロナ禍における海路の混乱振りは尋常ではない。パンデミックとその後のリベンジ需要を主因に世界中で「船舶」「コンテナ」「船員」のいずれもが大幅に不足している。

こうなると運賃の高騰は必至だ。たとえば上海から豪メルボルン向けの海上スポット運賃（平均）は、パンデミック前の二〇一九年中頃に一〇九〇ドル（約一二万四〇〇〇円）だったところが、二〇二一年九月には実に八・六倍の九三五〇ドルにまで高騰した。また、中国からアメリカへの四〇フィートコンテナの海運運賃は、通常期は一〇〇〇〜二〇〇〇ドルだが、二〇二一年八月以降は二万ドルを上回り、こちらもおよそ一〇倍にまで高騰している。

関係者の話によると、こんなに運賃が高騰していても「無事に貨物を動かせればマシ」だそうだ。出港日が近い単発の予約では、言い値でも船腹を確保できない場合もあるという。

海上運賃と同様に、航空運賃も大きく上昇した。かつては航空貨物の大半が旅客機の貨物スペースで運ばれるのが一般的であったが、国境封鎖による旅客需要の減少によって貨物だけを載せて旅客機を飛ばすことが増え、このことが航空貨物の運賃を上昇させている。CLIVEデータ・サービシズによると、二〇二一年九月の世界全体の航空貨物運賃は、二〇一九年の同月比の二倍の水準にまで高騰した。

海上運賃や航空運賃ほどではないが、国によっては陸路の運賃も大きく上がっている。とりわけこれは米英などで顕著なのだが、原油（ガソリン）高とドライバーの不足が主な原因だ。

こうした輸送網の目詰まりは、アメリカの年末商戦にも大きな影響を与えている。二〇二一年一〇月二八日付の米フォーブス誌（電子版）は、「物価上昇や供給不足、ホリデーシーズンを前に身構える米小売業界」と題してその混乱振りを報じた。記事は「米国の小売業界は、厳しいホリデーシーズンの到来に身構えているようだ」とし、「多くの小売企業にとって、このシーズンの売上目標を達成するうえで鍵を握るのは商品の確保だ。だが、商品を作る工場は、コロナ禍により閉鎖を余儀なくされるところが出ているほか、操業している場合でもその製造スケジュールは予定より大幅に遅れている。完成した商品も、港の

郵 便 は が き

料金受取人払郵便

神田局
承認

1728

差出有効期間
2023年11月
30日まで

[切手不要]

101-8791

503

千代田区神田駿河台2-5-1
住友不動産御茶ノ水ファーストビル8F

㈱第二海援隊
「インフレ防衛セミナー」担当 行

インフレ防衛セミナー 申込書

お名前	フリガナ	男・女	年　月　日生 歳	参加人数 名
●送付先住所をご記入下さい				
ご住所	〒			
TEL		FAX		
e-mail				

ご記入いただいた個人情報は、書籍・レポート・収録CD等の商品や講演会等の開催行事に関する情報のお知らせのために利用させていただきます。

《お問い合わせ先》 ㈱第二海援隊 担当：川出
TEL：**03-3291-6106** ／ FAX：**03-3291-6900**
URL http://www.dainikaientai.co.jp e-mail info@dainikaientai.co.jp

郵便はがき

料金受取人払郵便

神田局
承認
1006

差出有効期間
2022年6月30
日まで
[切手不要]

101-8791

503

千代田区神田駿河台2－5－1
住友不動産御茶ノ水ファーストビル8F
株式会社 **第二海援隊** 行

お名前	フリガナ	男・女	年 月 日生 歳	
ご住所	〒			
TEL		FAX		
e-mail				
ご購読新聞		ご購読雑誌		

ご記入いただいた個人情報は、書籍・レポート・収録ＣＤ等の商品や講演会等の開催行事に関する情報のお知らせのために利用させていただきます。

応募者全員 「浅井隆からの最新情報DVD」プレゼント

このアンケートハガキにご回答・ご応募いただきました方に、もれなく浅井隆が最新の経済・金融・国際情勢などについて映像でお伝えするDVDをプレゼントいたします（3ヵ月毎に内容を更新）。

《ご購読者アンケート》

書名 ［　　　　　　　　　　］

Q この本を何でお知りになりましたか？
□新聞、雑誌の広告や書評を見て（媒体名　　　　　　　　　）
□直接書店で見て　□知人のすすめで
□第二海援隊ホームページで　□その他（　　　　　　　）

Q この本をどこでお買い上げになりましたか？
□書店（　　　　　　　　　　　　　　）
□インターネット書店（　　　　　　　　　　）
□弊社に直接ご注文　□その他（　　　　　　　）

Q 浅井隆の本は何冊くらいお読みになりましたか？
□本書が初めて　□ ＿＿＿＿冊目

Q （株）第二海援隊グループが運営する組織でご関心をもたれたクラブ等はございますか？
□プラチナクラブ　□日米成長株投資クラブ　□オプション研究会
□ロイヤル資産クラブ　□自分年金クラブ
□ビットコイン（仮想通貨）クラブ
□その他（　　　　　　　　　　　　　）

Q ご意見・ご感想、現在関心を持っている事柄、今後取り上げて欲しいテーマ等があればお聞かせください。
（　　　　　　　　　　　　　　　　　　）

書籍に関するご意見・お問い合わせはe-mail:hon@dainikaientai.co.jp

◉ Eメールにて第二海援隊の最新出版情報をお届けいたします（無料）。
□ 希望する　／　□ 希望しない

ご協力ありがとうございました。

中国発のコンテナ運賃価格の推移

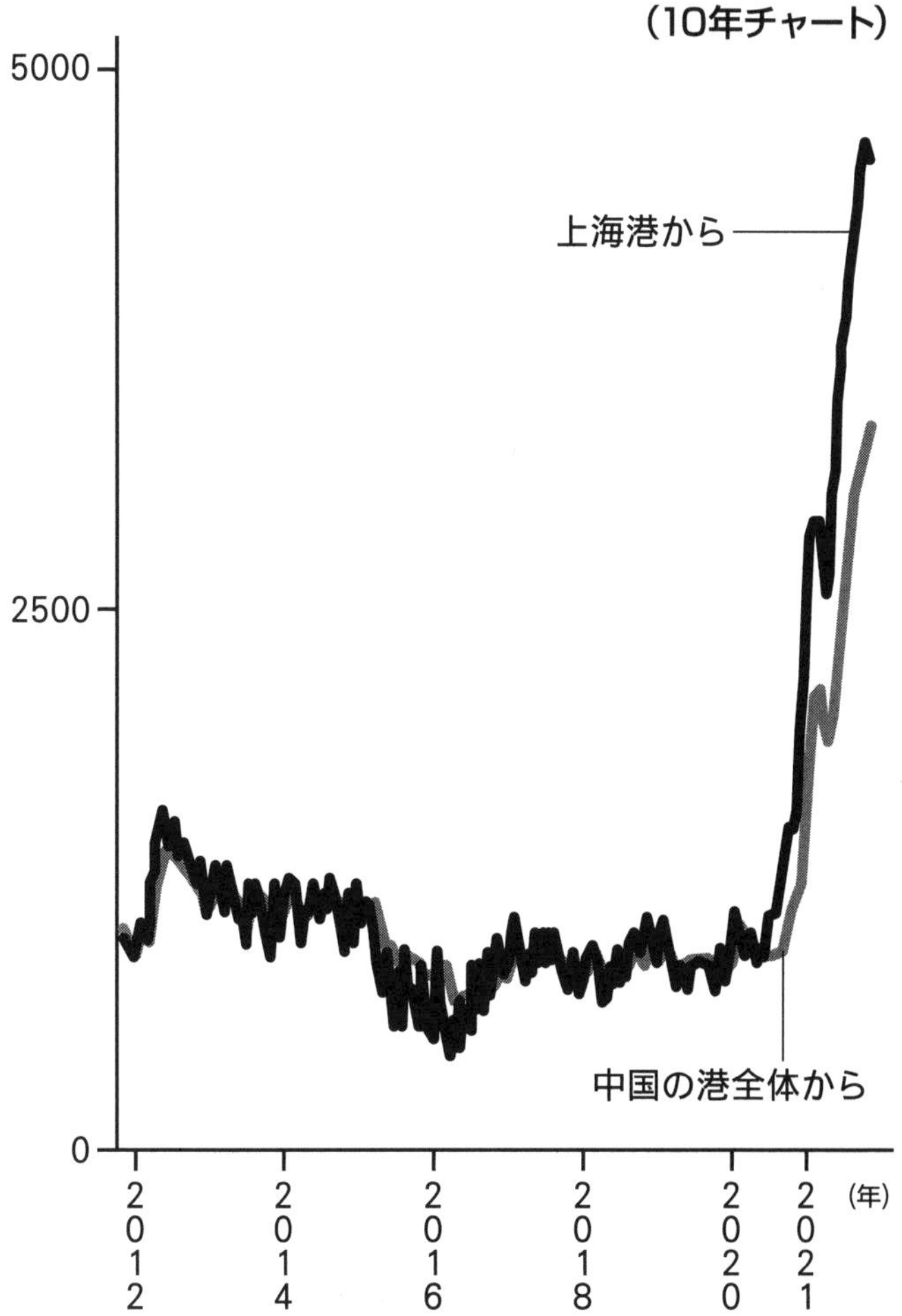

MacroMicroのデータを基に作成

混雑によって陸揚げが遅れ、コンテナ内に留め置かれる状況が続いている。さらにその先の陸路で荷物を運ぶトレーラーも、トラックドライバー不足が深刻な問題だ。小売業者のウェブサイトでも、『在庫切れ』の表示が目立ち始めている」(同前)と、店側が売ろうにもものの確保が難しくなっている状況を伝えている。

とはいえ、足元では幾分の安心材料も出てきた。具体的には本稿執筆時点(二〇二二年一一月上旬)では、海上交通網の混乱に若干の緩和が見られる。世界のコンテナ運賃は依然として高止まりしているが、バラ積み運賃価格のバロメーターとして知られるバルチック海運指数(ロンドンのバルチック海運取引所が発表する外航不定期船の運賃指数)が急低下してきた。

そのバルチック海運指数は、コロナショック時に「三九三」という歴史的な低水準を記録したが、その後まさにV字で回復し、二〇二一年一〇月七日には「五六五〇」と今回の高値を付けている。底値からおよそ一四倍の高騰だ。しかし、直近(二〇二二年一一月八日)では二七一八まで下がってきている。

バルチック海運指数の推移

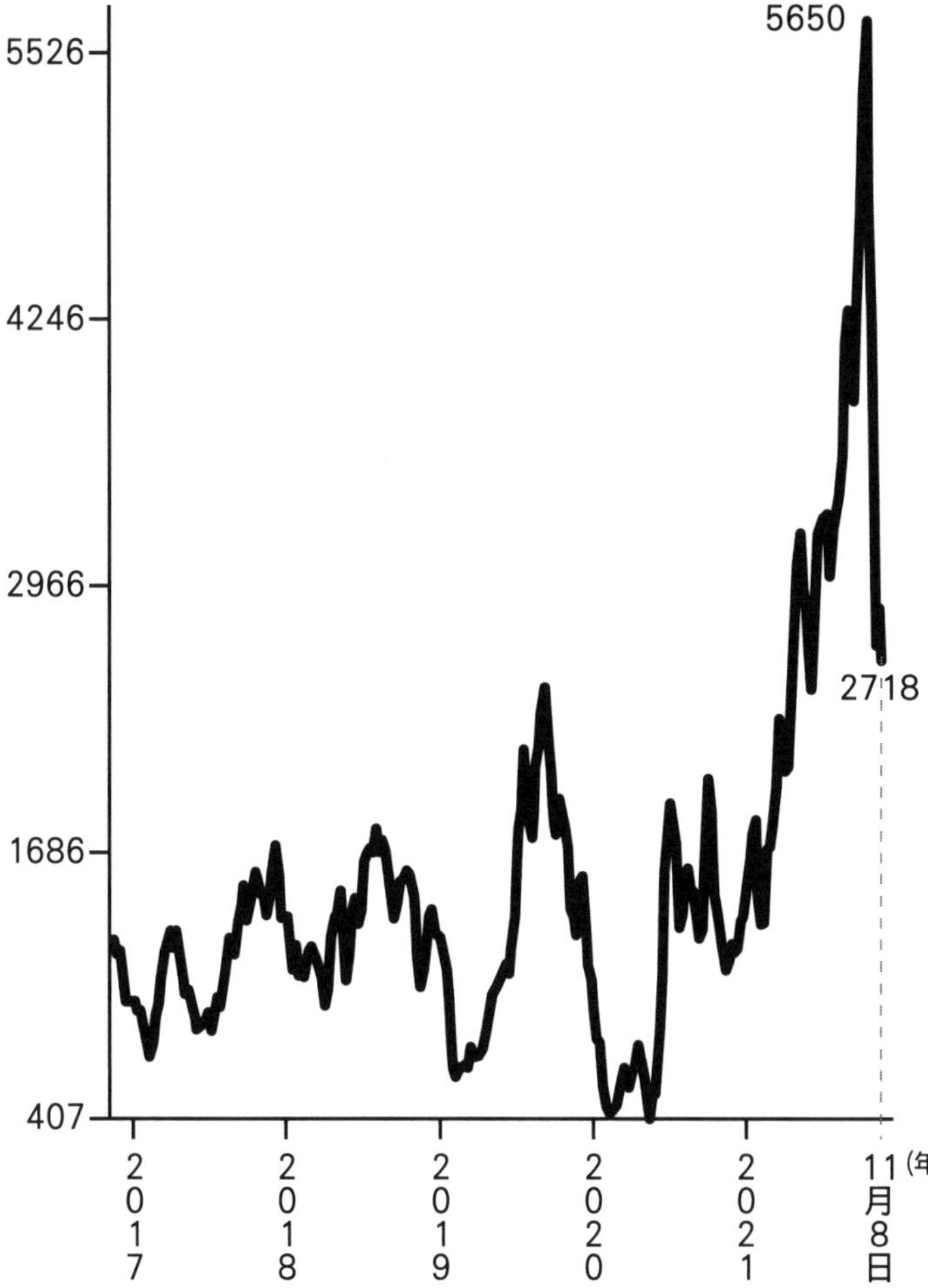

ブルームバーグのデータを基に作成

しかし、油断してはならない。現状でも平時に比べれば高水準であるということに変わりはなく、また船員やコンテナの不足が早々に解消する兆しはないことから、海上運賃は今後も高止まりすると見られている。二〇二一年一〇月二五日付の英フィナンシャル・タイムズは『供給網混乱二三年まで継続も』海運大手首脳が警告」と題し、「世界経済にリスクを及ぼしているサプライチェーン（供給網）危機は、政府が介入して混乱を緩和しない限り、少なくともさらに一年続くだろうと世界大手の海運会社が警告している」と報じた。

半導体不足が引き起こす混乱

兎にも角にも、足元の「もの不足」は深刻である。第一章で、米供給管理協会（ＩＳＭ）が「全ての業種で原材料調達にかかる時間が過去最長」となっていると報告したと書いたが、そのＩＳＭによると、自動車業界が最も大きな痛手を受けているという。「半導体不足が解消しない中、利益率が高い車種の製造を優先させ、利益率が低い車種の製造を中止もしくは縮小した」（ロイター二〇二一年一一月一日付）とＩＳＭは報告している。もちろんほかの業種も影響を受けており、コンピューターや電子機器の製造業者は「『中国からの調達はほぼ不可能』になっており『大幅な遅延』に直面している」（同前）とし、電気機器・部品メーカーは「需要は引き続き高いものの、供給網が目詰まりを起こしていることで生産が遅延している」（同前）と報告した。

家庭向けの水道・光熱利用監視デバイスメーカー、パワーＸ（ニューヨーク州）を経営するマニュエル・ショーンフェルド氏は、五月にトランスミッションチップを発注した際、納期は夏頃になると告げられた。それが秋、そして冬とずれ込み、今では二〇二二年五月まで届かないだろうとみている。
（ウォール・ストリート・ジャーナル二〇二一年一〇月二九日付）

多くのものが不足しているが、とりわけ「産業のコメ」と言われる半導体の不足が世界的に深刻だ。現代の生活においていかに半導体の役割が重要であるかを私たち消費者は理解していない。それは、「iPhone」（アイフォーン）やパソコン、自動車、はては冷蔵庫やエアコンなど電子部品を内蔵した何十億もの製品に組み込まれている。私たちが享受する現代の便利な生活は、その多くの部分を半導体に依存していると言ってよい。

世界的な半導体不足は深刻さを増している。待ち時間はさらに長くなり、顧客は買いだめに奔走。来年までの収束の見込みも遠のいている。需要は予想されていたほど一服していない。サプライチェーン（供給網）も目詰まりが鮮明だ。すでにフル稼働で対応している工場は予期できぬ生産障害に見舞われている。（中略）通常は、半導体の納品までに要する時間は九～一二週間が健全な水準とされる。だが、サスケハナ・ファイナンシャル・グループによると、夏には平均で一九週

半導体納品までの待ち時間

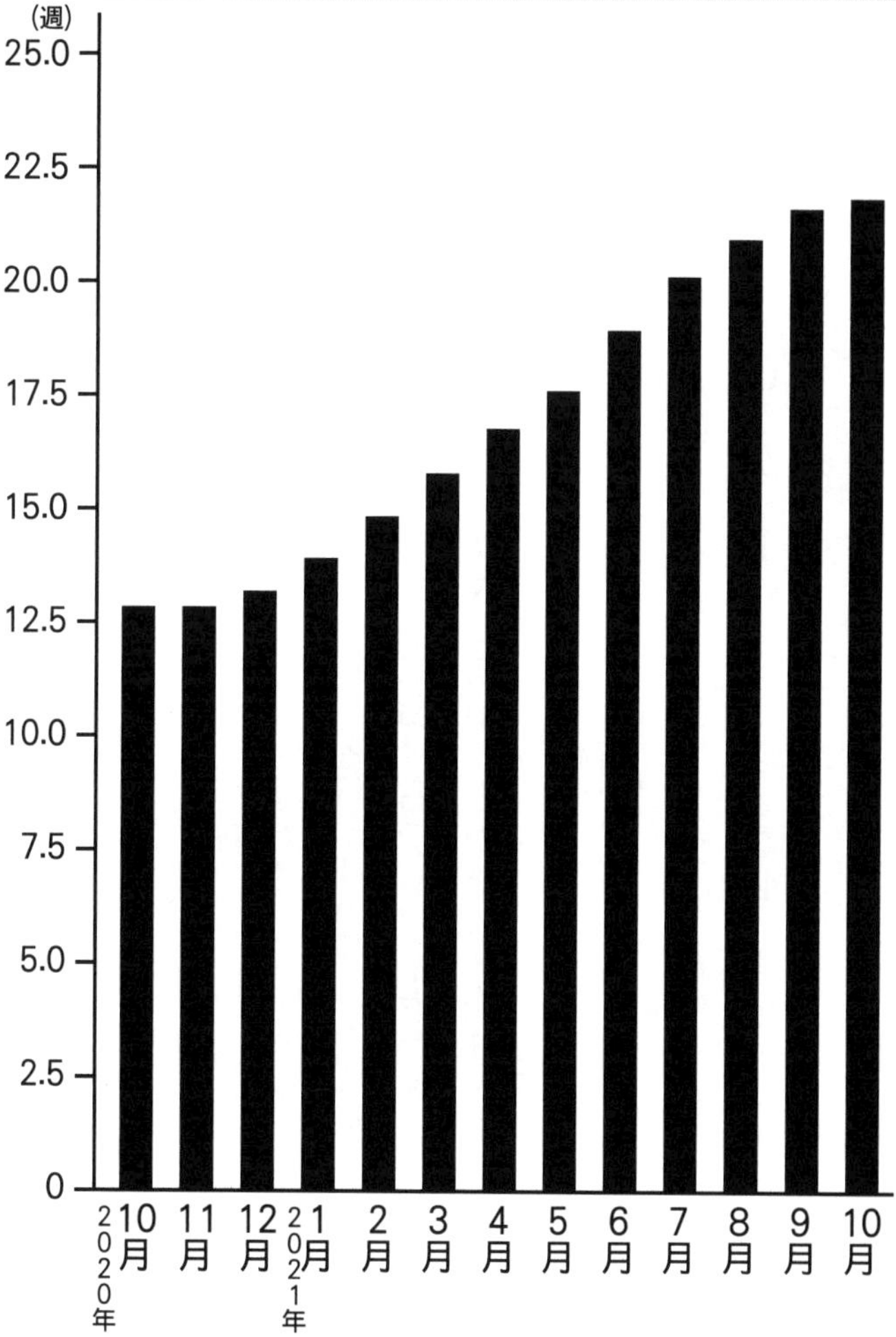

ウォール・ストリート・ジャーナルのデータを基に作成

に、一〇月時点では二二週まで延びた。ひっ迫感が最もきつい分野はさらに深刻で、電力制御チップは二五週、自動車業界が必要とするマイクロコントローラー（マイコン）は三八週まで延びている。（同前）

長期的に考えれば、半導体の需要は伸びることはあってもおそらく減ることはない。さらなる世界的な電子化の波（たとえば「ＩｏＴ」もその一つだろう）は不可避だからだ。たとえば、コロナ禍におけるテレワークの普及によって世界的にインターネットの通信量が拡大したが、そのため各国はデータセンターの設備増強を急いでいる。

しかし、現在は必要な半導体が圧倒的に足りていない。性能や種類に関係なく半導体の絶対量が足りないとも言われるほどだ。当然のごとく半導体メーカーは設備増強に動いているが、そのために必要な装置を半導体不足で十分に作れないというめちゃくちゃな状態に陥っているという。

では、このような半導体不足（言わば混乱状態）は、いつ頃まで続くのであろうか？　多くのアナリストは、「二〇二二年後半には落ち着く」と見ている。そうなる可能性も十分にあるが、最悪の場合は「二〇二五年まで続く」という見立てもあることに留意したい。一口に半導体と言っても、その中には数多くの部品が存在しており、その一つでも欠けると最終製品を完成させることが難しい。そして、その部品のいくつかに大幅な〝供給ひっ迫〟が起こっているというニュースが流れている。

ところで、私たち消費者にとって半導体不足の意味するところは「これからは電子製品や車の値段が高止まりする」ということだ。いや、高止まりするだけならまだよいかもしれない。究極は、〝手に入らなくなるリスク〟も十分ある。

「自動車が買えない！」

この件で、私は自動車に関して恐ろしい話を耳にした。それは、「アメリカでは減産の影響でトヨタのスポーツタイプ多目的車（ＳＵＶ）『ランドクルーザー』などは注文から納車まで二年待ちとなっている」といった類の話である。「いやいや、ランクルの納車はそんなもの（二年待ち）ではすまない。〝四年〟待っても手に入るかどうかだ」という話も聞いた。現在、アメリカの自動車ディーラーが保有する在庫数は、通常の半分以下の約二〇日分しかないと言われている。しかも、状況が好転する兆しはまだない。
そのアメリカでは、すでに車の奪い合いが始まっている。

スーミャ・ランガラジャンさんは次の自分の車は電気自動車（ＥＶ）にしたいと思い、フォルクスワーゲン（ＶＷ）のスポーツタイプ多目的車（ＳＵＶ）『ID.4』の購入予約を行ったが、半年待っても入手できずに諦めた。代わりに、リースしていたガソリン駆動の「フォード・エスケープ」の買い取りを決めた。ミシガン州アナーバーで勤務医をしているランガラジャンさんは「今でもＥＶは欲しいが、足が必要なのでエスケープを買い取ることにした。こうした納車待ちがいつまで

アメリカにおける新車価格の推移

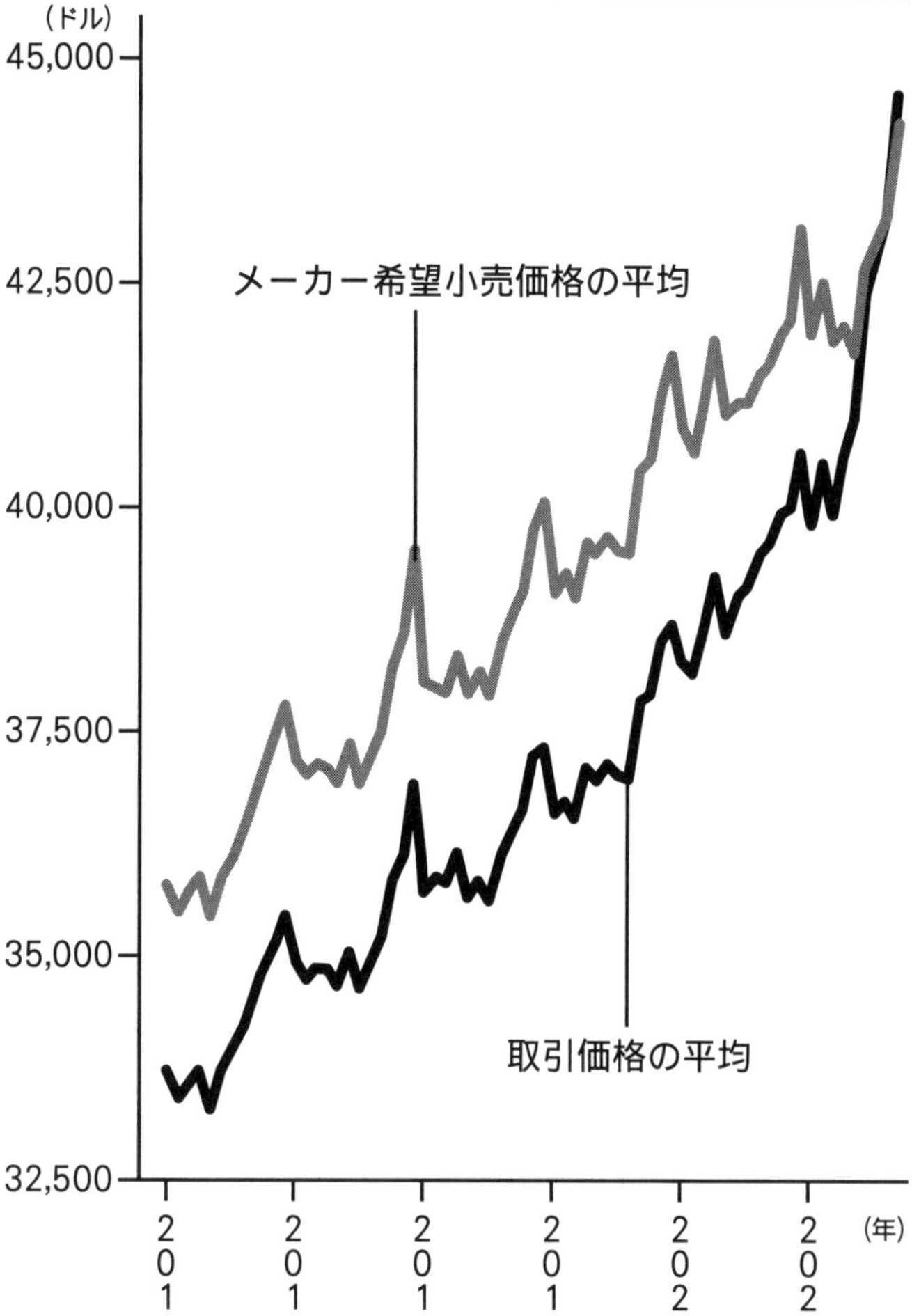

ウォール・ストリート・ジャーナルのデータを基に作成

続くのか分からない」と話した。
（ブルームバーグ二〇二一年一〇月一日付）

記事の中で、ウォーズ・インテリジェンスのアナリストであるヘイグ・ストダード氏は、ボトルネックは半導体以外にも広がっていて、ゴムや電子部品などが不足し労働力不足と物流の停滞も起きているとし、「製造業者は全体の需要に追い付けず、サプライチェーン全体が崩壊しつつある」（同前）との見方を示している。
自動車業界からしても、今回の供給制約は過去数十年で最大の試練だと言ってよい。コンサルティング会社アリックスパートナーズは、現在の半導体不足が世界の自動車業界におよぼす影響について「自動車メーカーが被る二〇二一年の生産損失額は、直近の資産では二一〇〇億ドル（約二三兆円）のインパクトになると予測しています。今年五月の時点では一一一〇億ドルと予測していました」と二〇二一年九月二三日に発表した。

アメリカにおける中古車・トラックの消費者物価の推移

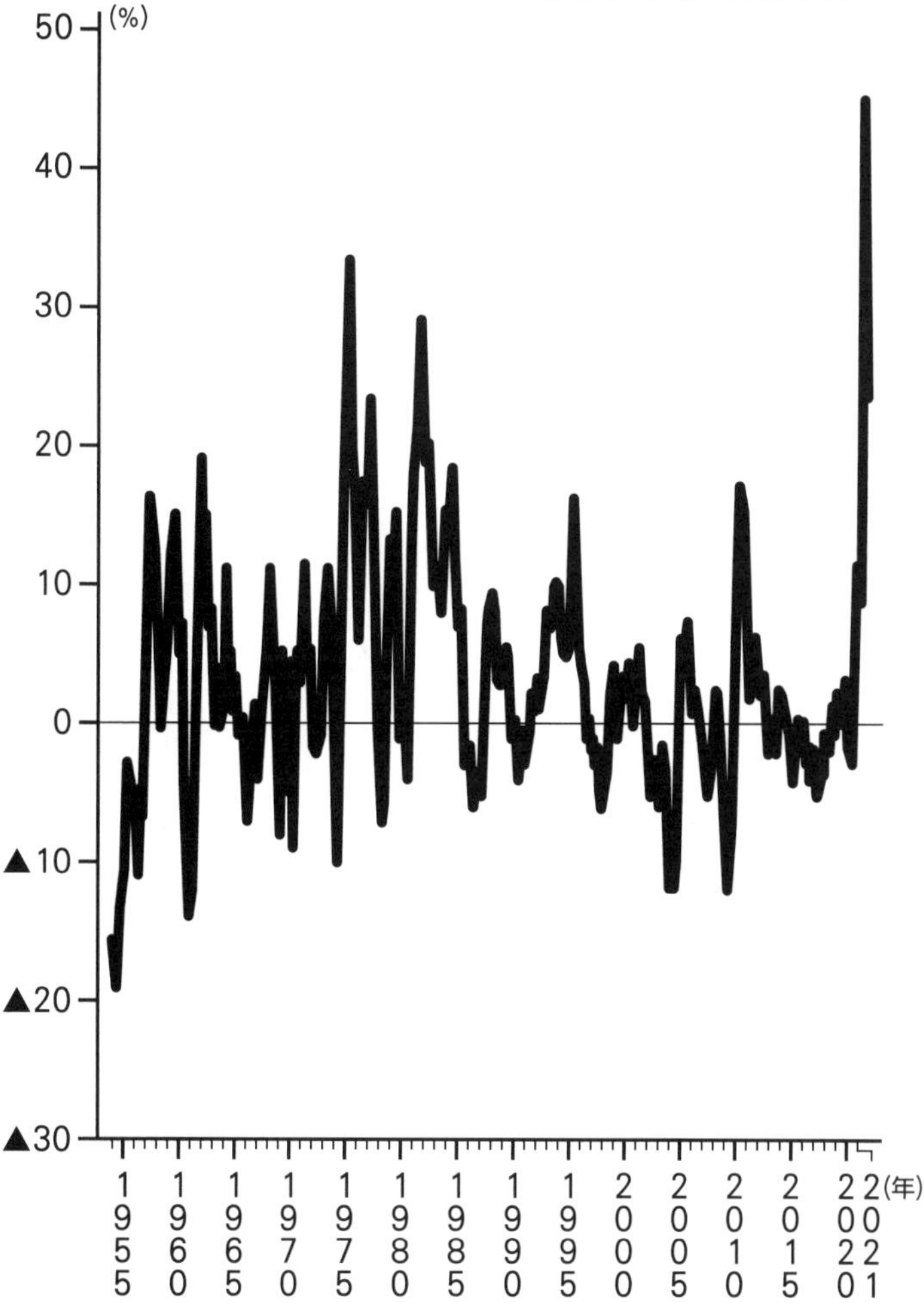

米労働統計局（セントルイス地区連銀経由）のデータを基に作成

アメリカでは「新車が無理なら中古車だ！」ということで、新車だけでなく中古車の価格も高騰している。アメリカの中古車の価格動向を示す「マンハイム米中古車価格指数」は二〇二一年九月に前月比五・三％上昇し、過去最高を記録した。前年同月比二七・一％の上昇である。ＦＲＢ（米連邦準備制度理事会）などの当局者は「中古車価格の高騰は一時的」と楽観視し続けてきたが、直近でも値段が下がる気配はなく、今後も一定の水準で高止まりしてしまう可能性は高い。

日本の自動車業界も、部品不足による減産に苦しんでいる。読売新聞の集計によると、日本の自動車メーカー八社が二〇二一年に確定した減産規模が合計一三〇万台に達することがわかった。これは、二〇二〇年の八社による生産台数（合計二三三五万台）の約五％に相当する。

納車までの時間も伸びた。共同通信（二〇二一年一〇月二三日付）がトヨタ系列店の関係者の話を基に報じたものによると、半年前までは小型車「ヤリス」を注文すると一～二ヵ月後に納車されたが、九月下旬時点では約五ヵ月待ちになったという。半年前まで二～三ヵ月で納車されたスポーツタイプ多目的車（SUV）の「ハリアー」も、六ヵ月程度まで延びたようだ。

世界のインフレはさらに過熱し、定着する

こうしたサプライチェーンの混乱によるもの不足を、決して甘く見ない方がよい。世界的にもの不足が表面化し始めた二〇二一年の初め頃から、当局者は「供給制約は一時的」だと繰り返してきたが、現状を省みる限り当局者の見通しは外れ続けている。

二〇二一年に世界で発生したインフレは、コロナ禍によるサプライチェーンの混乱に加え、パンデミック後のリベンジ消費が重なったものだ。アメリカなど一部の国ではものの値段だけでなく、賃金や家賃、サービス価格なども上昇が始まっている。もはや、インフレが定着しそうな雰囲気だ。第一章でも述べたが、「コストプッシュ・インフレ」（供給制約によるインフレ）が「ディマン

ドプル・インフレ」（需要増によるインフレ）に変わると厄介である。そうなると、インフレが恒常化してしまう危険性があるのだ。

長期の予想は別にして、短中期的にはインフレがさらに過熱する可能性が高い。それは、世界各地で「ブルウィップ（ムチ）効果」なるものが散見されるからである。このブルウィップ効果とは、「事業を縮小していた企業が需要回復の兆しを見て急速に事業を拡大しようとし、サプライヤーがそれに追い付こうと懸命になる状態」のことだ。

ホリデーシーズン（クリスマス）を迎えるアメリカでは典型的なブルウィップ効果が起こっている。一年で最もものが売れるホリデーシーズンは、アメリカの小売店にとって待ちに待った季節であり、その期間に店の棚が空っぽなどという事態は、彼らからするとあってはならない。だから小売店は、あらかじめ過剰に注文する。彼らがいつもより早い段階で多く注文すると、仮に需要が増えていなくても製造業者には消費者の需要が増加しているというサインとなり、製造業者はサプライヤーへの注文を増やしてそれに応え、結果としてサプライチェーンを遡《さかのぼ》って需要を急増させてしまうのだ。

こうしたブルウィップ現象が、コロナ禍が明けるにつれてアメリカだけでなく世界のあちらこちらで起きている。たとえば自動車業界でも同様のことが起こっているようだ。前出の自動車メーカーの半導体の話でも、品薄の半導体を確保するために半導体メーカーに二重発注や過剰発注が多発して実需が見えにくくなり、在庫過多となる危険性もある。

いまだに街中にものがあふれている日本で、こういう話を聞いたとしてもどうしても実感に乏しい。しかし、時としてインフレは輸入される。繰り返しになるが、二〇二二年は日本にもいよいよインフレがやってくるかもしれない。

当局は一九七〇年代と同じ過ちを繰り返すのか⁉

モルガン・スタンレーのチーフエコノミストだったスティーブン・ローチ氏はＦＲＢの勤務経験もある。同氏は今週、一九七〇年代にＦ

RBのバーンズ議長が物価高騰を一時的と判断したのが「世紀の大誤算」だが、今回も同じ「におい」が漂い続けていると主張する。

（ロイター二〇二二年五月二八日付）


モルガン・スタンレーのアジア会長を務めたこともあり（現在はイエール大学で上級講師を務める）、ウォール街では知らぬ者はいないと言われるスティーブン・ローチ氏は、〝一九七〇年代の再来〟を恐れている少数派の有識者のうちの代表的な人物だ。

一九七〇年代の再来とは、端的には「スタグフレーション」（不況下のインフレ）を指す。また、その原因となった当局者の「慢心」を指す場合も多い。最近のローチ氏がたびたび指摘しているのは、後者である。

ほとんどの日本人は知らないか、はたまた忘れていることだろうが、一九七〇年代のアメリカは深刻なスタグフレーションに見舞われていた。当時のアメリカは、ベトナム戦争やリンドン・ジョンソン大統領の「偉大なる社会」計画に対して米政府が巨額支出を行なっていた頃で、アーサー・バーンズ議長（当時）が率いるＦＲＢも実質的に政府に従属し、ＦＲＢ職員の抗議を無視する形で低金利を続け、その結果、マネーサプライが著しい伸びを示したのである。

そして、一九七〇年代にはインフレが定着した。同国の消費者物価指数（ＣＰＩ）の上昇率は、一九八〇年三月に一四・八％に達している。

一〇九ページのチャートをご覧いただきたい。これはアメリカの第二次世界大戦からのＭ２（現金や預金に代表される広範なマネーサプライの指標）とインフレ率のチャートなのだが、Ｍ２が大きな伸びを示した際は往々にして時間差でインフレ率も上昇していることがわかる。

今回のＭ２の伸びは、一九六〇年代や一九七〇年代のそれの二倍以上のものであった。また、「今までがデフレだったから今後もそうだ」という論調にはまったく根拠がない。一九七〇年代にも、長らく続いたデフレの後に突如としてインフレが猛威を振るっている。近代の経済学をもってしても、インフレ発生のメカニズムについてはいまだに不明な点が多く、「インフレが死に絶えた」

と結論付けるのは危険だ。

前述したように、世界中の当局者は今回のインフレは「あくまでも一過性」だと繰り返す。こうした楽観は、危険なのではないか。というのも、一九七〇年代にＦＲＢ議長を務めたアーサー・バーンズ氏も、その当時「インフレは一過性」だと楽観視し続けたのである。今回も、当局者が当時の過ちを繰り返さないという保証はない。インフレへの「軽視」と「慢心」こそが、一九七〇年代型インフレ危機の再来を招く可能性がある。

歴史に学ぶ人々の警告

元リッチモンド地区連銀のジェフリー・ラッカー氏はブルームバーグテレビジョンのインタビュー（二〇二一年八月三〇日付）で、「金融当局は困難な状況に置かれていると私は思う」とし、現在のジェローム・パウエルＦＲＢ議長は「インフレが手に負えなくなるリスクを抱えている」と指摘した。ラッカー氏は、

マネーサプライとインフレ率のチャート

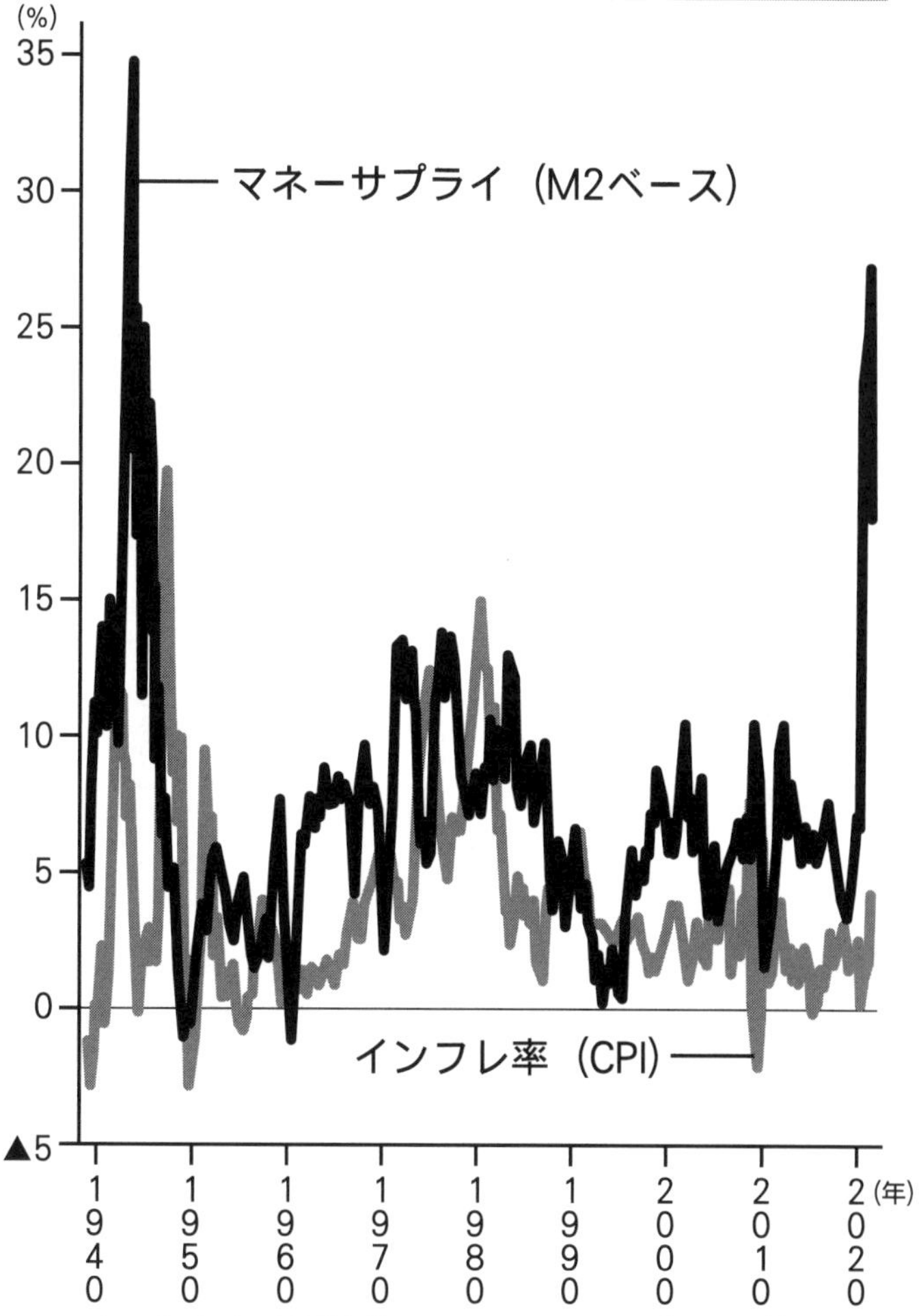

セントルイス地区連銀、NBER、シティのデータを基に作成

ＦＲＢが後手に回ることを心配している。

ラッカー氏は自身の見解について、過去の高インフレ時の経験から学んだものだと説明。「一九八〇年代初めにインフレ率を低下させるべく取り組んだが、それには極めて大きな痛みを伴った。よって、そうした経験を持つ当局者は時とともにより予防的な政策を主張するようになった」とした上で、「金融当局は戦略に関して昨年発表した文書で、そうした予防的政策から遠ざかってしまった」（同前）と指摘している。

現在のＦＲＢの政策上の落とし穴は、「雇用」だ。ＦＲＢは、インフレ率の上昇よりも「雇用」（が戻ること）を最優先と位置付けており、コロナ禍で失われた雇用を取り戻すまではたとえインフレ率がオーバーシュート（上振れ）しても静観（すなわち金融緩和を継続）する構えを示している。

しかし、今回のパンデミックは人々の仕事に対する意識をなかば恒久的に変えてしまった可能性が高い。そうなると、以前のような完全雇用が実現する可能性は遠ざかっていると考えられる。すなわち、失業率はかつてのような低水準まで戻ることはないかもしれないのだ。

一九六〇年代当時、米国の経済政策当局者はインフレ加速を招かずにどれだけ労働市場の好調を維持できるか判断を誤った。この判断ミスが七〇年代の賃金・物価上昇の悪循環につながり、経済に破壊的な打撃を及ぼした。そして現在、パウエル連邦準備制度理事会（ＦＲＢ）議長ら金融当局者が同じ過ちを犯しているのではないかとの疑問を一部のエコノミストは抱いている。
（ブルームバーグ二〇二一年一一月一日付）

ＦＲＢのインフレ予防策が後手に回れば、思わぬインフレ高進に見舞われる可能性が高まる。そして、それは現実のものになるのではないだろうか。私はそう確信している。
当時を知る人の警告が後を絶たない。ブルームバーグ（二〇二一年六月三日付）によると、世界最大の資産運用会社である米ブラックロックのローレンス・フィンク最高経営責任者（ＣＥＯ）は、二〇二一年六月二日にドイツ銀行が主催したバーチャル会議で、「大部分の人々は四〇年を超えるキャリアを持たず、過去三〇年余りにわたりインフレ率が鈍化した経験しかない。その意味でこれはかなり大きな衝撃になるだろう」（ブルームバーグ二〇二一年六月三日付）と指摘している。インフレ急加速の可能性を、投資家が過小評価している恐れがあるというわけだ。ちなみにフィンク氏は、アメリカがインフレ高進に悩まされていた一九七六年に金融のキャリアをスタートさせている。

日本を襲う「インフレ・スパイラル」

翻ってここ日本はどうか。結論からすると、私たち日本人こそが最もインフレを過小評価し、「そんなものは来るはずがない」と高をくくっていると言える。

「物価は上がらず、金利は低いまま、そしてそれはこの先もずっと続く」と信じ

インフレ・スパイラル

円　安

↓

輸入による物価上昇

↓

さらなる円安

↓

さらなる輸入インフレ

込んでいる人がどれだけ多いことか。

確かに、依然として日本のインフレ率は主要国の中で突出して低い。インフレ襲来が今の今まで「オオカミ少年」であったことも事実だ。しかし、現在は過去三〇～四〇年でインフレの危険が最も高まったタイミングであると自信を持って言える。

その一つ目の根拠は、「インフレは輸入される」というものだ。世界のトレンドは明確にインフレに傾いている。その影響を日本だけが受けないということはない。輸入物価が上がるという心配はもちろんのこと、為替におよぼす影響にも警戒が必要となる。

どういうことかというと、仮に今後、世界をインフレが席巻した場合、多くの国が利上げを迫られることだろう。しかし、日本の場合はおいそれと利上げするわけには行かない。債務残高が多すぎるからだ。債務残高が積もりに積もっている事情はどこの国にも共通しているが、日本のそれは突出している。

IIF（国際金融協会）によると、二〇二一年三月末時点の日本の債務残高

（対ＧＤＰ比）は、家計セクターが六三・二％、金融を除く企業セクターが一一四・四％、金融セクターが一八九・九％、政府セクターが二五一・四％となっており、これらを合計した総債務残高の対ＧＤＰ比は六一八・九％と文字通り世界最悪だ。言い方を変えると、金利上昇への耐性が最もない。債務残高の増大を理由に、野村証券のチーフ金利ストラテジストである中島武信氏は世界中の多くで「利上げに耐えられない社会になった」（ロイター二〇二一年八月三〇日付）と指摘するが、その最たる例は日本だ。

仮に世界で〝利上げ〟がトレンドとなった場合、日本は他国の中央銀行に追随できない可能性が極めて高い。そうなると、どういったことが起こるか。私たちを待ち受けるのは自国通貨安（日本の場合は円安）であることは、自明の理である。

第一章でも述べたが、日本は原油や石炭といった鉱物性燃料の輸入が格段に多い。鉱物性燃料のほとんどはドル建てで取引きされており、為替が円安になると輸入代金を膨らませる方向に作用する。

最悪の場合、円安→輸入による物価上昇→さらなる円安→さらなる輸入インフレという、〝インフレ・スパイラル〟が発生してしまうことも十分にあり得るのだ。この状態は、まさに「国家破産」と同義である。債務残高を理由に利上げできないのであれば、それはもはや国家破産だ。

私は日本の債務残高が先進国の中でも群を抜いて多いことの理由に、日本円の将来をとても悲観的に見ている。早ければ二〇二〇年代の後半にもドル／円レートが一ドル＝二四〇～三六〇円のレンジに突入してしまうというのが、私の率直な見立てだ。

また、この話とは別に、ここ日本でも需要面からインフレが起こる可能性だってある。内閣府によると現在の日本には約二二兆円もの需要不足が存在し、これが解消されない限りは日本経済が本格的にデフレ脱却を実現するのは難しい、というのは事実だ。しかし、先に誕生した岸田文雄政権は、追加経済対策のための財政支出を三五兆円前後とする方向で検討している。おそらく、これは実行されるはずだ。この財政出動がすべて需要不足の解消に直結するわけではないものの、需要不足がそれなりに解消される可能性はある。そうなると、日本でもいよいよ需要面からのデフレ脱却が現実味を帯びても不思議ではない。

少なくとも、財源を明示せずに国債発行（言わば打ち出の小槌）に頼って大盤振る舞いする為政者の姿は、ほぼ間違いなく将来的なインフレを暗示している。そこに悪い円安（輸入インフレ）が加われば、日本のデフレトレンドは跡形もなく消え失せてしまうかもしれない。このままでは、そうなる可能性が極めて高いと私は考えている。

本書のタイトル通り、早ければ二〇二二年にも日本をインフレが襲うだろう。たとえ来年でなくとも、インフレ襲来はもはや〝時間の問題〟と言ってよい。

繰り返しになるが、ここ日本ではインフレが最も過小評価されている。しかしトレンドの激変を甘く見れば、（その影響によって）あなたの財産が致命的ダメージを受けてしまうことだって考えられるのだ。今からすぐにでも、インフレへの備えを進めるべきである。

第四章

金利が二%で日銀破綻→引き出し制限へ

——あなたの財産はかくも簡単に消滅する

このままでは国家財政は破綻する

『文藝春秋』二〇二一年一一月号にある衝撃的な記事が掲載された。「このままでは国家財政は破綻する」というその記事を寄稿したのは矢野康治氏。何と、現職の財務省事務次官だ。この記事は、大変な物議を醸した。

最近のバラマキ合戦のような政策論を聞いていて、やむにやまれぬ大和魂か、もうじっと黙っているわけにはいかない、ここで言うべきことを言わねば卑怯でさえあると思います。（同前）

この記事の書き出しからは、矢野氏の強い覚悟が伝わってくる。日本は先進国でずば抜けて大きな借金を抱えているのにも関わらず、さらに財政赤字を膨らませる話ばかりが飛び交っている状況を憂《うれ》いている。今の日本の状況を喩えれば、タイタニック号が氷山に向かって突進しているようなもので、このままでは日本は沈没してしまうというのだ。

衆議院総選挙において、各党が掲げた選挙公約のばら撒き振りには呆れるほかない。岸田首相が数十兆円規模の経済対策を打ち出すと、野党も負けじと「ばら撒き公約」を次々に掲げた。「年収約一〇〇〇万円以下の人の所得税を一年間免除し、消費税率を時限的に五%に下げる」（立憲民主党）、「二年間、消費税率を五%に引き下げ、所得税や法人税を合わせた大幅減税、ベーシックインカム（全国民に一律に現金を給付する）を導入する」（日本維新の会）など、どの政党も財源論を置き去りに国民の財布にとことん優しい公約を並べる。

衆議院選挙に向けた各党のばら撒き公約の中でも特に目立ったのが、消費税率の引き下げだ。多くの政党が、消費税率の引き下げを公約に掲げた。消費税の減税により、需要を喚起しようというわけだ。

これについても、矢野氏は異を唱える。欧州と異なり、日本では消費税率が変更された場合、事業者は価格に転嫁する義務がある。あらゆる財・サービスの価格について値決めと値札の付け替えをせねばならず、実行するまでに最低半年以上かかる。法改正なども含めた政策実現ラグを考えると、引き下げの実施はずっと先の話になる。消費税率の引き下げ発表から引き下げ実施までの期間、買い控えが起こる。また、一旦引き下げた消費税率をいつ戻すのか、上げ戻す場合の駆け込み需要と反動減対策はどうするのか。

矢野氏はこれらの問題点を挙げ、「消費税は、すでに社会保障制度を持続させていくための極めて重要な『切り札』として位置づけられています。（中略）引き下げは向こう半世紀近く進む少子高齢化という日本の構造問題の解決に逆行するものなのです」（同前）と訴える。また、「コロナ禍を踏まえた経済対策の一環として実施するにもかかわらず、買い控えを引き起こしてしまうようでは、政策として致命的であり、非現実的です。『減税』と言えば、当然多くの人々が歓迎しますが、実現可能性やその有効性を鑑みれば、これは絵に描いた餅と言わざるを得ません」（同前）と断じている。

矢野氏のばら撒き批判寄稿に対する反応は、賛否両論であった。激しく噛み付いたのが自民党の高市早苗政調会長だ。テレビの討論番組で、「大変失礼な言い方だ。基礎的財政収支（の黒字化）にこだわって本当に困っている方を助けない。未来を担う子供たちに投資しない。これほどばかげた話はない」と批判した。また、公明党の竹内譲政調会長は「政治家はそれほどばかではない」とツイートし、不快感を示した。

一方、矢野氏の寄稿について「一〇〇％賛成」と擁護したのが経済同友会の桜田謙悟代表幹事（ＳＯＭＰＯホールディングス社長）だ。「書いてあるのはファクト（事実）。当たり前の話だ」とコメントした。先進国で最悪の財政状況について「放っておいていいはずがない。どこで将来負担を解消しようとしているのかに触れなきゃ、責任ある政党とは言えない」とも述べ、給付策や減税策を競うように打ち出す与野党の姿勢に苦言を呈した。

前述のように、公明党の竹内政調会長は「政治家はばかではない」と言ったが、一方で矢野氏は、「国民はばかではない」と考える。矢野氏は、記事の中で次のように述べている。

国民は本当にバラマキを求めているのでしょうか。日本人は決してそんなに愚かではないと私は思います。本当に困っている方が一部いるのは確かで、その方たちには適切な手当てが必要ですが、日本人みんなが「カネを寄こせ」と言っているかというとそうではない。みんながみんなバラマキに拍手喝采してなどいない、見くびってはいけない、とのご指摘もたくさんいただいています。

国民は、そんなことよりも、永田町や霞が関に対して、「やるべきこと（真に必要なこと）だけをちゃんとやってくれよ」と思っている方が多いのではないだろうか。だとすると国の将来を心配している国民の期待に、自分たちは的確に応えられていないのではないかと思ってきました。ですから、この原稿では、国民のみなさんにも、事実を正直にお知らせし、率直な意見を申し上げて、注意喚起をさせていただきたいのです。

（『文藝春秋』二〇二一年一一月号）

もっともだと思う。良識ある国民が存在するのは間違いない。良識ある多くの国民が選挙などを通じてばら撒き政党、ばら撒き政治家を淘汰し、やがて日本は再生に向かう――そう信じたい。

では、実際のところはどうなのか？　残念なデータがある。ＮＨＫが行なった衆議院選挙に関する世論調査だ。調査対象は全国の一八歳以上、五四三〇人で二九四三人から回答を得られたという。いくつかの質問事項の中に次のものがあった。「財務省事務次官の主張をどう思うか？」　ＮＨＫによると、財務省の矢野事務次官は月刊誌で新型コロナの経済対策にまつわる政策論争を「バラマキ合戦」と批判し、「このままでは国家財政が破綻する可能性がある」と訴えたが、この主張をどう思うか尋ねたという。回答の選択肢は「そう思う」「そうは思わない」「わからない・無回答」の三つだ。結果はどうだったか？　「そう思う」が四五％、「そうは思わない」が四一％であった。

正直、私はこの結果にはがっかりした。矢野氏の主張に対し、肯定派と否定派はおおむね半々ずつといったところだ。わが国の財政状況が、極めて深刻であることを知らない国民はほとんどいないだろう。それにも関わらず、この期におよんでこれほどまでにばら撒きを容認（歓迎？）するというのか？　あるいは、このような財政運営を続けても国家財政の破綻などあり得ないというのか？　この世論調査の結果を信頼すれば、国民の半数近くが給付・支援策の拡充（ばら撒き）歓迎、あるいは財政破綻の可能性について否定的な考えを持っているのだ。

この結果を見ると、公明党の竹内政調会長がツイートした「政治家はそれほどばかではない」というコメントが妙に説得力を帯びる。政治家当人にとって何よりも重要なのは、選挙で当選することだ。当選しないことには話にならない。当選するには、選挙で有権者に選ばれる必要がある。有権者に選ばれるには、有権者の意向に沿う政策を打ち出す必要がある。多くの有権者がばら撒きを望むなら、たとえ国の将来にとって正しい政策であったとしても、歳出削減や増税などの緊縮財政は到底受け入れられるはずもない。多くの有権者がばら撒きを望むから、政治家もばら撒きを約束する。確かに「政治家はそれほどばかではない」と思えてくる。

不気味に進む円安

国内政治がポピュリズム（大衆迎合主義）への傾斜を強める中、悪化に歯止めのかからない財政が民間経済を蝕《むしば》み、活力を奪いつつある。

その一つの象徴と言えるのが、現在の円安だ。二〇二二年年初、一ドル＝一〇三円程度で推移していたドル／円相場は、三月には一一〇円台、さらに一〇月には一一四円台にまで円安が進んだ。これほど急ピッチに円安が進んだ要因としては、アメリカの金利の上昇がある。テーパリング（緩和縮小）、利上げが視野に入るアメリカでは、長期金利が上昇傾向で推移する。アメリカの長期金利は、二〇二一年一〇月には一・六％台まで上昇した。一方、日本の長期金利も上昇してはいるものの、一瞬〇・一％台に乗せるのがやっとという状態だ。そのため、日米の金利差拡大で円安／ドル高が進んだというわけだ。もう一つの要因としては、原油をはじめとするエネルギー価格の高騰が挙げられる。エネルギー価格の高騰は、資源の乏しい日本の貿易収支を悪化させる。この貿易収支の悪化が円安を招いているという側面もある。

ドル／円相場だけを見ているとわからないが、実は日本円の価値は、この二十数年間下落を続けている。それを示すのが、「実質実効為替レート」だ。特定の通貨（たとえば日本円）の価値が世界の主要な外貨に対して高いか低いかを示す総合的な指数が実効為替レートであり、実効為替レートに相手国・地域の物価水準を加味して算出した指数が実質実効為替レートである。

たとえば、ドル／円相場など、二国間の為替レートを見るだけではその通貨の総合的な実力はわからない。一口に「円安」と言っても、ドルに対しては円安であっても、ユーロなどほかの通貨に対しては円高となることはいくらでもある。そこで実質実効為替レートを見れば、物価水準を加味したその通貨の総合的な実力がわかるというわけだ。

一三〇ページの図は日本円の過去五〇年間（一九七一～二〇二一年）の実質

実効為替レートの推移を示したグラフだ。大まかに見ると、前半二五年が上昇基調、後半二五年が下落基調で推移しているのが一目瞭然だ。つまり、一九七一年から九五年頃までは円高基調、一九九五年頃から二〇二一年までは円安基調で推移しているわけだ。一ドル＝八〇円を突破し、急激な円高が進んだ一九九五年四月には、円の実質実効為替レートは一五〇・二五と過去最高を記録した。これをピークに、円の価値はおおむね下落基調をたどり、国際決済銀行（ＢＩＳ）のデータによると、二〇二一年九月時点の実質実効為替レートは七〇・四まで低下している。この水準は一九七〇年代前半頃の数値に近い。つまり、円の総合的な実力は五〇年前に逆戻りしてしまったと言えるのだ。

続けて、同じく過去五〇年間（一九七一～二〇二一年）のドル／円相場のチャートもご覧いただこう。二つのグラフ（チャート）を見比べると、やはり九五年頃を境に前半二五年と後半二五年で顕著な違いが見られる。前半二五年つまり一九七一年から九五年にかけては、実質実効為替レートもドル／円相場も円高トレンドで推移している。しかし、後半二五年の一九九五年から二〇二

円の実質実効為替レートの推移

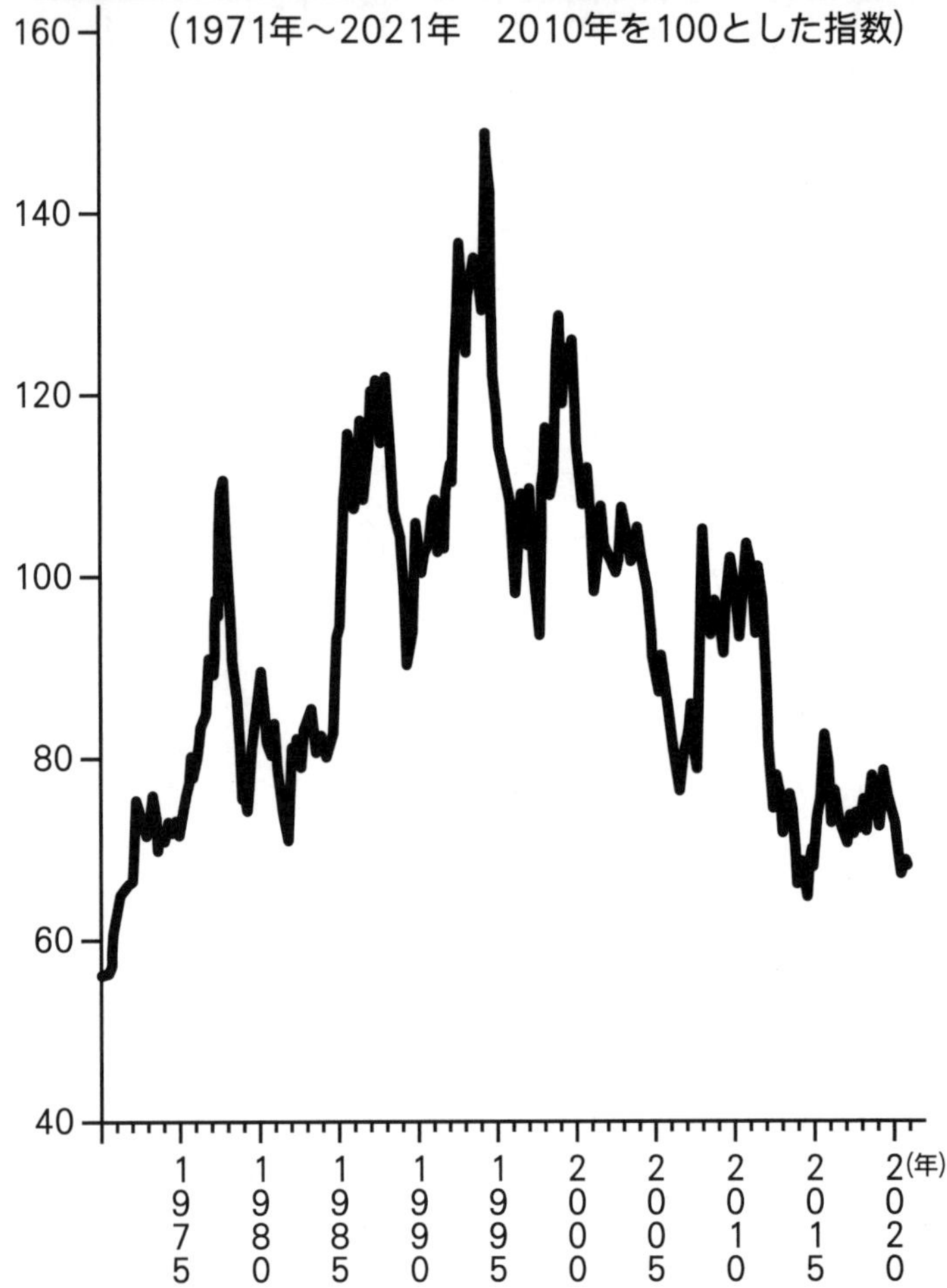

日本銀行のデータを基に作成

ドル／円為替レート長期推移

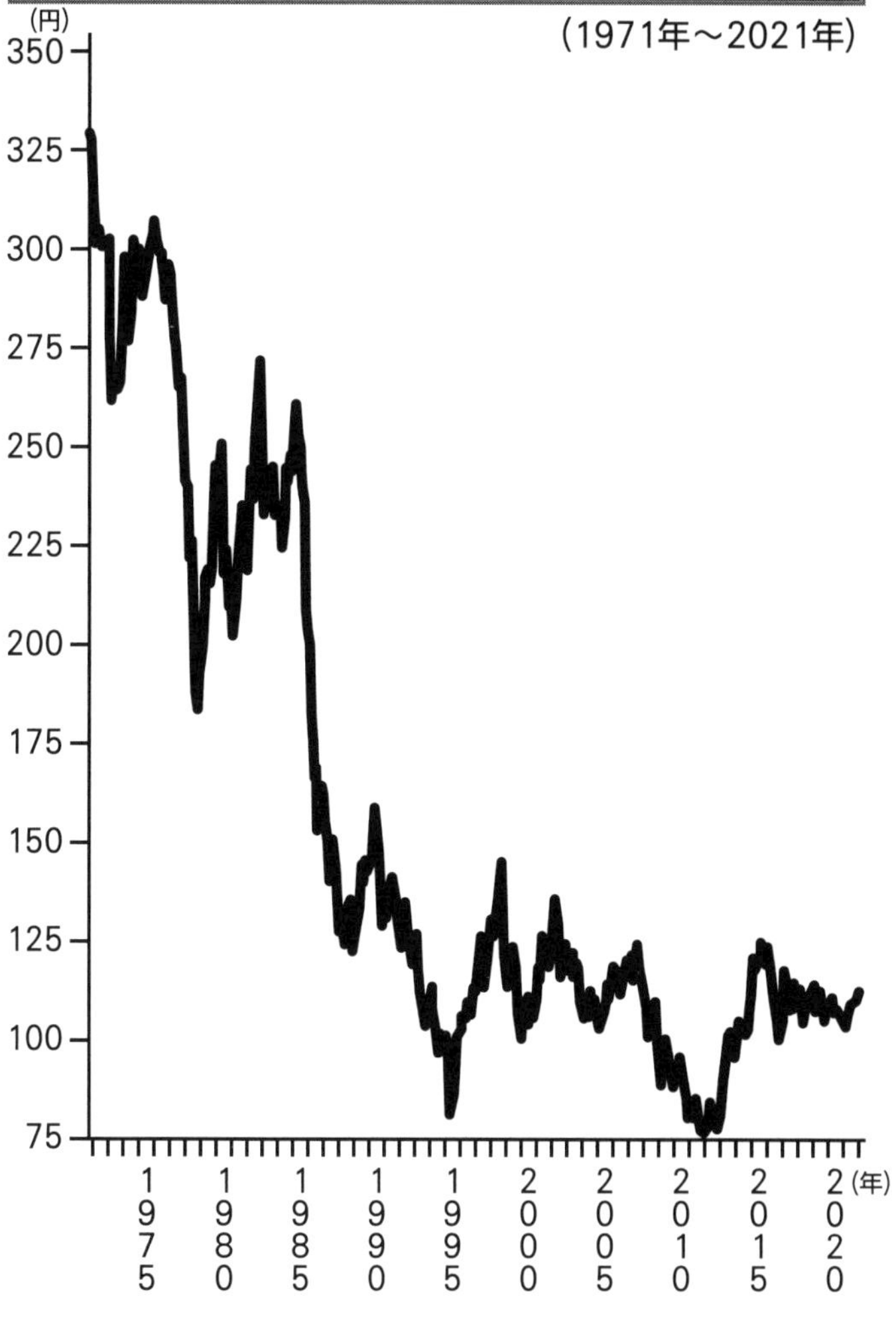

一年にかけては、ドル／円相場がほぼ横ばいで推移しているのに対して、実質実効為替レートは円安トレンドで推移している。

経済評論家の藤巻健史氏は、「現在一ドル＝一一〇円前後で推移するドル・円相場について、筆者は『円安』だと認識していない。国力に比べて、かなりの『円高』だと捉えている。日本はこの四〇年来、『世界の主要国で断トツの低成長』であり、その原因は円が日本の実力に比べて強すぎたことにある」（『週刊エコノミスト』二〇二一年一〇月五日号）と述べている。急ピッチに進む円安を「円高」だと言われると、多くの人は違和感を覚えるだろうが、円の実質実効為替レートとドル／円相場の推移を比べると、藤巻氏の見方もあながち間違ってはいないと思う。実質実効為替レートを物価水準を加味した円の真の実力だとすれば、一九九五年以降の円はドルに対して強すぎたというわけだ。

円の実質実効為替レートが一九七〇年代前半頃と同じ水準まで低下したということは、円による購買力が一九七〇年代前半当時の水準まで低下したことを意味する。たとえば、日本のバブル期をご記憶なら思い出してほしい。多くの日本人が気軽に海外旅行に出かけ、免税店などで割安な高級ブランド品を買い漁った。一方、多くの外国人にとって日本の物価は非常に高く、日本への旅行は高嶺の花であった。それだけ、他国の通貨に比べ日本円が強かったということだ。それは、実質実効為替レートにも如実に表れている。一九八〇年代後半から九〇年代前半にかけて、実質実効為替レートは上昇基調で推移している。

しかし、それも今となっては昔話だ。最近、欧米をはじめ先進国を訪れた人なら現地の物価の高さを思い知らされたはずだ。一〇〇〇円程度でまともなランチが食べられるのは日本くらいのもので、ほかの多くの先進国にワンコイン（五〇〇円）ランチなどほぼないだろう。特に、先進国などの外国人にとって現在の日本の物価は非常に安く感じられるはずだ。だからこそ、新型コロナ前に多くの外国人が来日し、積極的な観光や消費を楽しむことができたわけだ。いまや、日本人が海外に出かけて物価の安さを感じることができるのは新興国くらいのものだが、その新興国の物価でさえ、以前ほどの割安感はない。多くの新興国が日本よりもはるかに経済成長率が高く、物価も上昇しているからだ。

このように、海外に出かければ、円がいかに弱くなったかが強烈に実感できる。それは、日本人が相対的に貧しくなったことを意味する。日本国内で生活する分には、経済が停滞していても物価も安いため生活に困窮する人は全体から見ればそれほど多いとは言えないが、バブル崩壊後の三〇年で、気が付けば日本人の経済力はじわじわと蝕まれてきた。

三〇年間、給料が上がらない国

日本人の経済力の低下は、日本人の給料に如実に表れている。戦後、日本人の給料は高度経済成長、バブル期を経て右肩上がりで上昇を続けた。しかし、バブル崩壊とその後の経済低迷により、給料の上昇は止まった。国税庁の『民間給与実態統計調査』によると、二〇二〇年の給与所得者の平均給与は前年比〇・八％減の四三三万円であった。新型コロナウイルス感染拡大の影響もあり、二年連続の減少となった。特にボーナスが大幅に減少した。平均賞与は六五万円で、前年比で八・一%減とリーマン・ショック以来の大幅な減少となった。

平均給与は一九九七年の四六七万円をピークに減少し、二〇〇九年には四〇六万円まで落ち込んだ。二〇二〇年の平均給与は、一九九七年のピークから七・三%も低い水準に留まる。二〇二〇年の水準に近いのは、一九九〇年の四二五万円だ。要するに、日本人の給料はこの三〇年間、ほとんど上がっていないのだ。まさに、「失われた三〇年」である。

日本で生活していると、給料が上がらないのは普通のことだと思う人が多いかもしれないが、国際的には極めて異常なことと言える。一三七ページの図はOECD（経済協力開発機構）のデータを基に作成した、過去三〇年間の主要国の平均年収の推移を示したものだ。グラフを見れば一目瞭然だが、この三〇年間で日本の平均年収がほぼ横ばいなのに対し、アメリカ、ドイツ、イギリスの平均年収は順調に増加している。OECD平均が三三%増の四・九万ドル、アメリカにいたっては四八%増の六・九万ドルだ。それに対して日本は、わずか四%増の三・九万ドル（約四四五万円）に留まる。三〇年前、日本の年収水準はＯＥＣＤ平均とほぼ同じであった。それが三〇年後の現在、ＯＥＣＤ平均の約八割の水準に留まる。アメリカと比べると、実に六割程度の水準だ。ＯＥＣＤの主な加盟国は主要先進国だから、ＯＥＣＤ平均はすなわち先進国平均と言える。日本人の年収は、先進国平均に比べ二割も少ないということだ。大卒の初任給にしても、日本では三〇年前も現在も二〇万円程度でほとんど変わらないが、アメリカでは五〇万円を超えることも珍しくないという。

いよいよ上がり始めた海外の物価

長らく経済停滞が続く日本では、今のところ目立ったインフレは起きていない。国民の収入が伸び悩む中、物価が安いのはせめてもの救いとは言えよう。

しかし海外に目を転じると、物価の上昇がかなり目立ち始めている。長引くコロナ禍、ワクチン接種の進展もあり、経済活動が徐々に再開され様々な商品やサービスの需要が増加する一方、変異種の出現などで感染再拡大が断続的に起

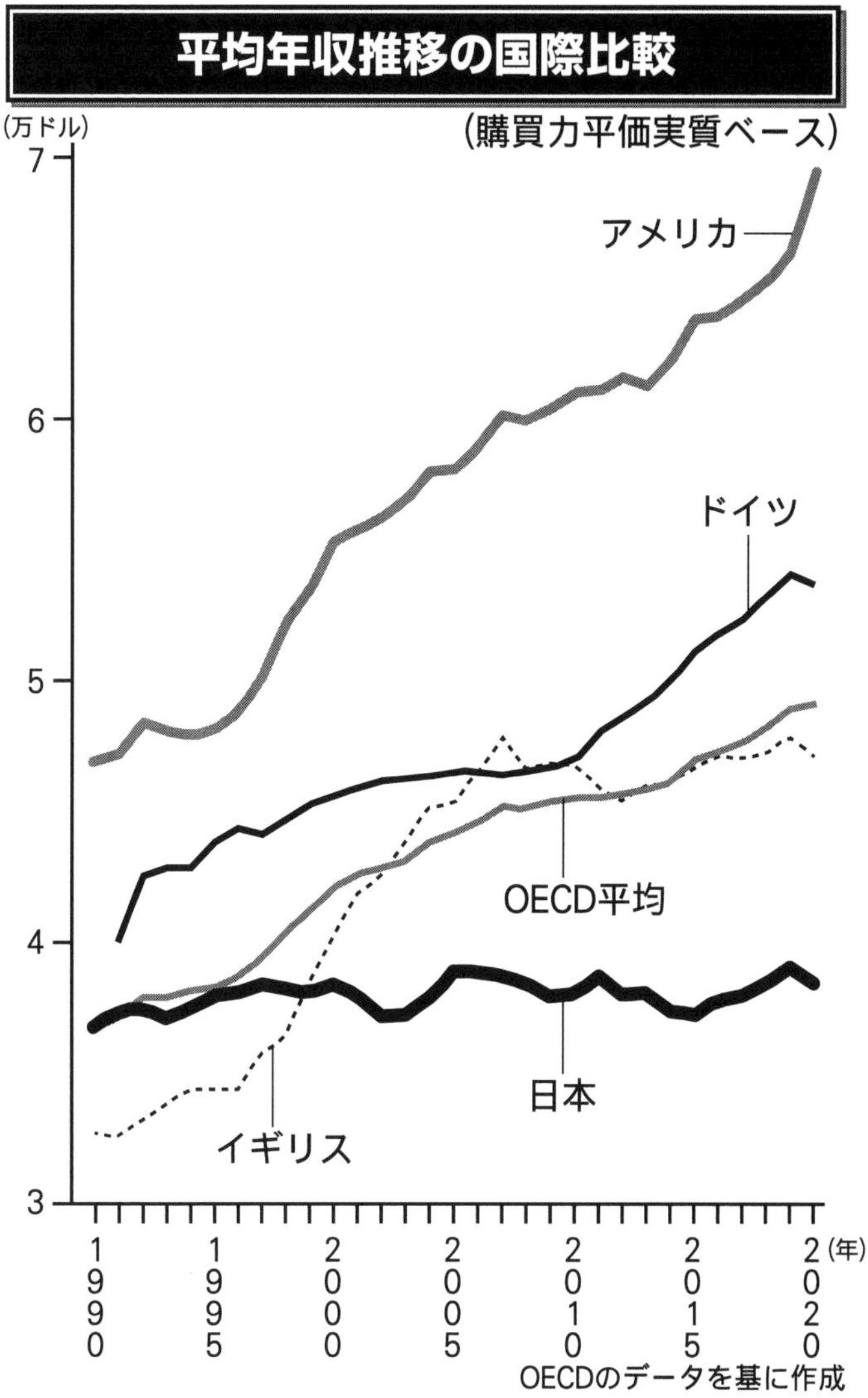
平均年収推移の国際比較
(購買力平価実質ベース)
(万ドル)
7
6
5
4
3
アメリカ
ドイツ
OECD平均
日本
イギリス
1990
1995
2000
2005
2010
2015
2020
(年)
OECDのデータを基に作成

きた結果、物流の停滞や部材不足といったサプライチェーン（供給網）の目詰まりが世界的に物価を押し上げている。

二〇二一年九月のアメリカの消費者物価指数は、前年同月比五・四％の上昇となった。上昇率は五ヵ月連続で五％以上と高止まりしている。前月比でも〇・四％の上昇となり、上昇率は拡大傾向にある。一〇月には、いよいよ六・二％という異常な伸び率となった。

アメリカはクルマ社会ということもあり、自動車の価格上昇も目立つ。同年九月の新車価格は、一年前と比べ八・七％も上昇している。半導体など部品の供給制約により、自動車メーカーが軒並み大規模な生産調整を強いられる中、新車の供給不足は深刻さを増す。新車購入がままならない中、中古車へのニーズが異常に高まっている。同じく九月の中古車価格は、一年前に比べ何と二四・四％もの大幅な上昇となった。

インフレに拍車をかけているのが、原油をはじめとするエネルギー価格の上昇だ。二〇二一年一〇月時点のＷＴＩ原油先物相場は一バレル＝八〇ドル台を付けており、年初来で約七割も上昇している。コロナ禍での、経済活動が徐々に再開された結果、原油需要が増加した一方、ＯＰＥＣ（石油輸出国機構）をはじめとする産油国は減産を続けており、世界の原油需給がなかなか緩まず、原油相場の高騰をうながしている。原油高を受け、同年九月のガソリン価格は前年比で四二・一％も上昇した。

ユーロ圏でも物価上昇のペースは加速しつつある。ユーロ圏の消費者物価上昇率は、二〇二一年八月に前年比三・〇％と、約一〇年振りの高い伸びを記録した。翌九月はさらに上昇ペースを上げ、前年比三・四％（速報値）と一三年振りの高い伸びとなった。

物価の上がらない日本にも迫るインフレの足音

一方、日本の物価上昇は欧米に比べ、極めて緩慢だ。同じく二〇二一年九月の消費者物価指数（生鮮食品を除く総合）は、前年同月比〇・一％上昇した。

プラスになるのは一年六ヵ月振りだ。いずれにしても、日本の消費者物価はほとんど上がっていないわけだ。

では、皆さんの実感はどうか？　普段、生活していて何となく以前に比べ物価が上がっている印象を持つ人も多いのではないか。その印象は、おそらく正しい。実は、九月の消費者物価指数を構成する商品・サービスの項目を見ると、思った以上に国内の物価が上昇しているのが確認できる。

前年同月比の上昇率は、「生鮮食品を除く食料」が〇・六%、「住居」が〇・七%、「光熱・水道」が四・四%、「家具・家事用品」が一・七%、「教育」が一・二%、「教養娯楽」が三・三%、理美容用品・サービスやたばこなどの「諸雑費」が一・二%、さらに、国際的な価格高騰の影響を強く受けた「エネルギー」は七・四%となっている。一方、前年同月比で下落したのは、「保健医療」の▲〇・二%、「交通・通信」の▲六・四%であった。ほか、「被服および履物」は前年同月比変わらずであった。

このように、すでに物価が下落している項目よりも上昇している項目の方が

日米欧の消費者物価上昇率の推移

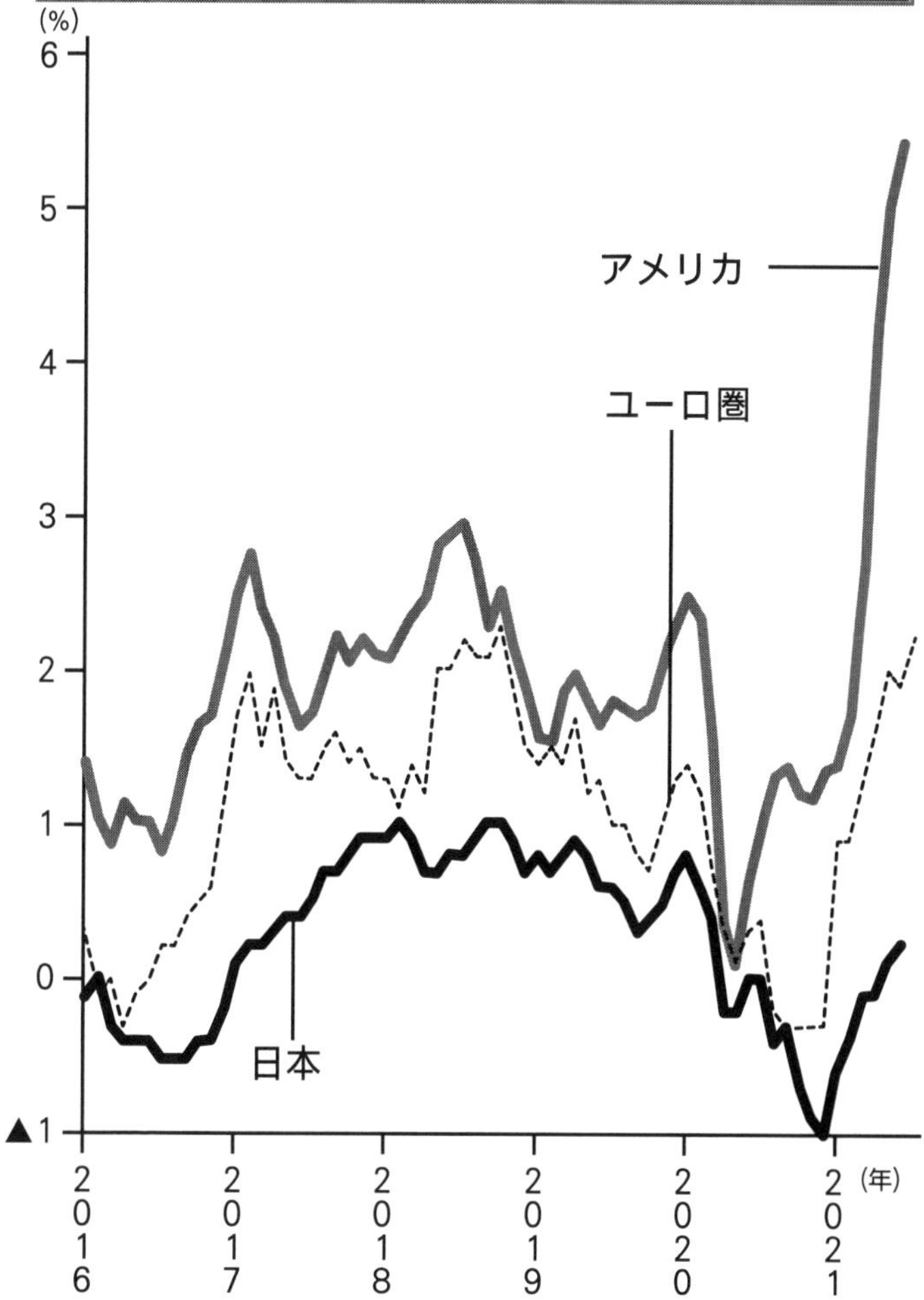

総務省統計局、米労働省、Eurostat、ブルームバーグのデータを基に作成

はるかに多いのだ。それにも関わらず、全体の消費者物価指数の上昇率はわずか〇・一%に留まるのはなぜか？　その答えは、前年同月比で▲六・四%と大幅に下落した「交通・通信」にある。このうち「交通」は一・六%上昇しているが、「通信」は実に▲二八・三%と極端なほどに大幅な下落になっている。

カンの良い読者はもうおわかりだろう。そう、携帯電話の通信料金が〝暴落〟したのだ。菅政権下、菅前首相や武田前総務大臣の強い圧力を受け、携帯電話各社は相次いで割安なプランを導入した。その影響で、通信料は前年同月比四四・八%も下落したのだ。菅氏や武田氏の圧力がなければ、携帯電話料金がこれほどまでに下落することはなかったはずで、直近、九月の消費者物価指数はもっと上昇していたに違いない。

このように、欧米ほどではないにしろ、日本の消費者物価も確実に上昇しているのだ。それでも、経済の慢性的な停滞で、デフレにすっかり慣れた日本の消費者に値上げはなかなか受け入れてもらえない。消費者からすれば、収入も上がらない（むしろ下がっている）のに、値上げなど到底受け入れられないと

日本の消費者物価指数の項目別推移

原数値	指数 (2020年＝100)	前年同月比 (%)
総合	100.1	0.2
生鮮食品を除く総合	99.8	0.1
生鮮食品及びエネルギーを除く総合	99.3	▲0.5
食料	101.4	0.9
生鮮食品	106.5	2.2
生鮮食品を除く食料	100.4	0.6
住居	100.7	0.7
光熱・水道	103.1	4.4
家具・家事用品	101.6	1.7
被服及び履物	101.7	0.0
保健医療	99.7	▲0.2
交通・通信	93.5	▲6.4
教育	100.4	1.2
教養娯楽	101.6	3.3
諸雑費	101.2	1.2

総務省のデータを基に作成

いうのが本音だろう。商品やサービスを消費者に提供する事業者の苦しい状況は企業物価（企業間で売買する物品の価格水準）を見れば明らかだ。

日銀が発表した二〇二一年一〇月の企業物価指数は、前年同月比八・〇％の上昇となった。八ヵ月連続の上昇で、リーマン・ショック直前の二〇〇八年八月以来、一三年振りの高水準となった。海外の経済活動再開に伴う需要の拡大で、原油や金属など様々な原材料の価格が上昇している影響が大きい。

消費者物価指数の上昇率（〇・一％）と企業物価指数の上昇率（八・〇％）の差は、あまりにも大きい。川上の原材料価格が上昇し、企業物価が上昇しても、それが川下の消費者物価には十分に転嫁されない状況だ。原材料費が上がっても、商品やサービスの価格を上げられない事業者の苦境が窺える。

この構図は、日本人の給料が上がらない大きな要因になっている。値上げができない以上、どこかでコストを削らなければ利益を上げることはできない。そこで、人件費がコストカットの対象になるわけだ。こうして給料が減った人はますます財布のひもを固く締め、事業者はますます値上げできなくなる悪循

企業物価と消費者物価の推移

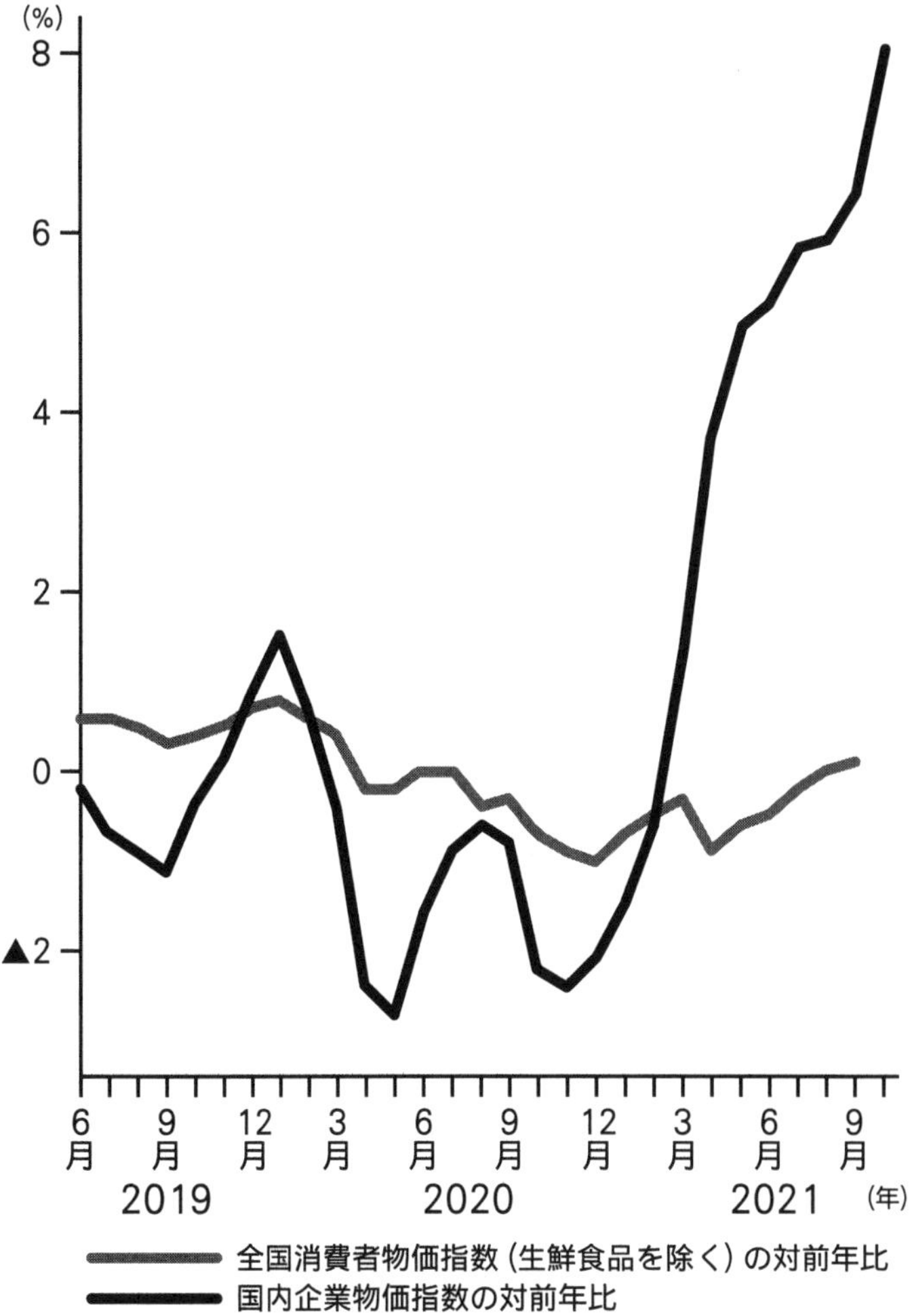

日本銀行、総務省のデータを基に作成

環に陥る。ストレートな値上げが容易にはできないため、第二章で説明したような〝ステルス値上げ〟も横行するわけだ。

いずれにせよ、コストカットや利益の圧縮には限界がある。川上の原材料費の上昇が激しくなれば、川下の最終価格に反映せざるを得なくなる。「今後も日本の物価は上がらない（上げられない）」と思い込んでいると、足をすくわれることになるだろう。インフレの足音は、日本にも確実に近付いている。

頼みの貯蓄にも限界が……

今後、インフレが進む一方で、インフレをカバーするほどには収入が増える期待が持てないとなると、多くの人は日々の生活で倹約に努めるなど生活防衛を意識する。ただでさえ少子高齢化が急速に進み、年金など社会保障制度への信頼はすでに大きく揺らいでいる。高まる一方の将来不安が、多くの日本人を貯蓄へと向かわせている。

実際、日本人の貯蓄額は右肩上がりで増えている。日銀が発表する資金循環統計によると、わが国の個人金融資産は二〇二〇年六月末時点で一九九二兆円となり、第４四半期連続で過去最高を更新した。これは、国民一人につき一六〇〇万円弱に相当する。平均すると、日本国民は一人当たり一六〇〇万円の金融資産を保有していることになる。もちろん、これは単純平均だから個々の資産額は多い人もいれば少ない人もいる。

多くの家庭が実際に保有する金融資産額は、一六〇〇万円よりもずっと少ない。金融広報中央委員会の「家計の金融行動に関する世論調査（二〇二〇年）」によると、二人以上世帯の金融資産保有額は平均値が一四三六万円、中央値は六五〇万円となっている。平均値は一部の資産額の多い人に引き上げられるため、中央値の方が実態に近い。この結果を見ると、金融資産額は二人以上の世帯で、数百万円からせいぜい一〇〇〇万円程度が普通であることがわかる。

単身世帯の状況はさらに厳しい。同調査によると、単身世帯の金融資産保有額は平均値が六五三万円、中央値は五〇万円である。単身世帯の金融資産額は数十万円程度が普通ということだ。社会に出て間もない若年の単身世帯の金融資産額が少ないのは当然だろう。一五一ページの年齢別の金融資産保有額を見ると、二〇歳代の中央値はわずか八万円だ。

ところが、実はほかの年齢層の金融資産額もかなり少ないことがデータに表れている。六〇歳代こそ、中央値で三〇〇万円の金融資産を保有するが、そのほかの年齢層は軒並み数十万円に留まる。中でも目を引くのが五〇歳代だ。何と中央値はわずか三〇万円と二〇歳代に次いで少ないのだ。平均値こそ九二四万円と六〇歳代に次いで多いが、金融資産の非保有者が四一・〇％となっている。一方、かなりの金融資産を保有する五〇歳代も決して少ないわけではなく、金融資産一〇〇〇万円以上の層を合計すると二〇・二％になる。つまり五〇歳代の約二割は一〇〇〇万円以上の金融資産を保有しているが、約四割は貯金がまったくないということだ。特に四〇歳代、五〇歳代といった中年世代が保有する金融資産額については、世代内の格差が非常に大きいことがわかる。

このように、日本では十分な資産を保有する人は一部であり、全体としては

金融資産保有額の分布

■2人以上世帯

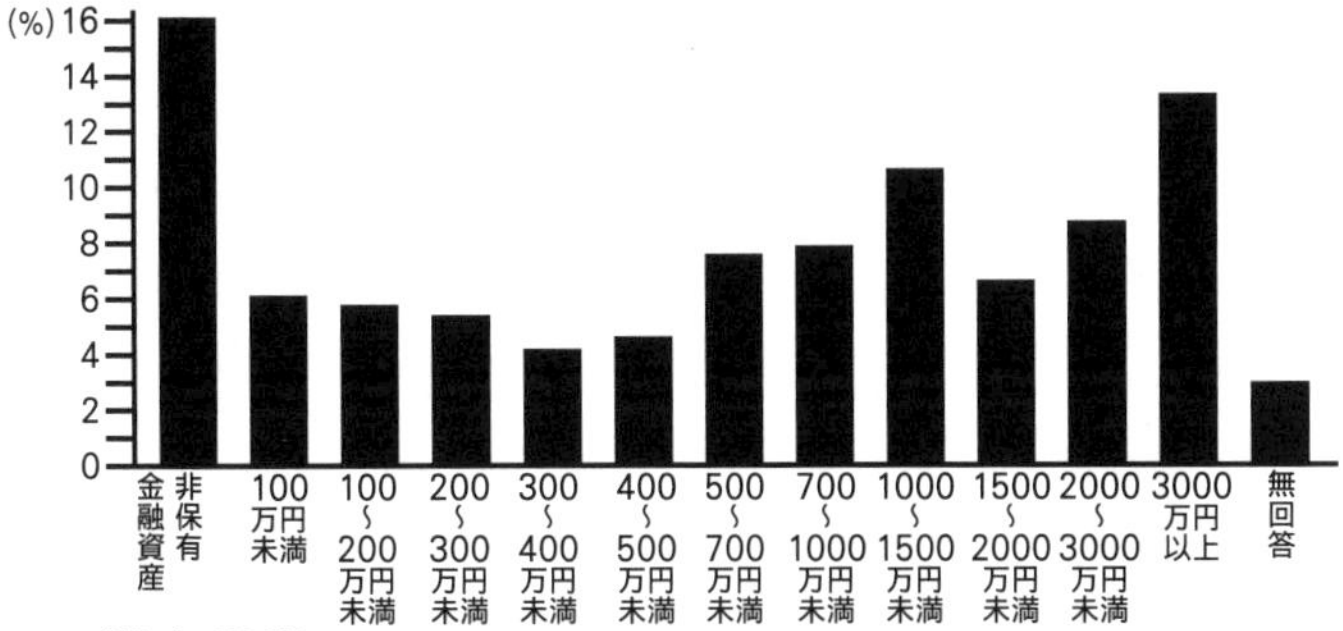

■単身世帯

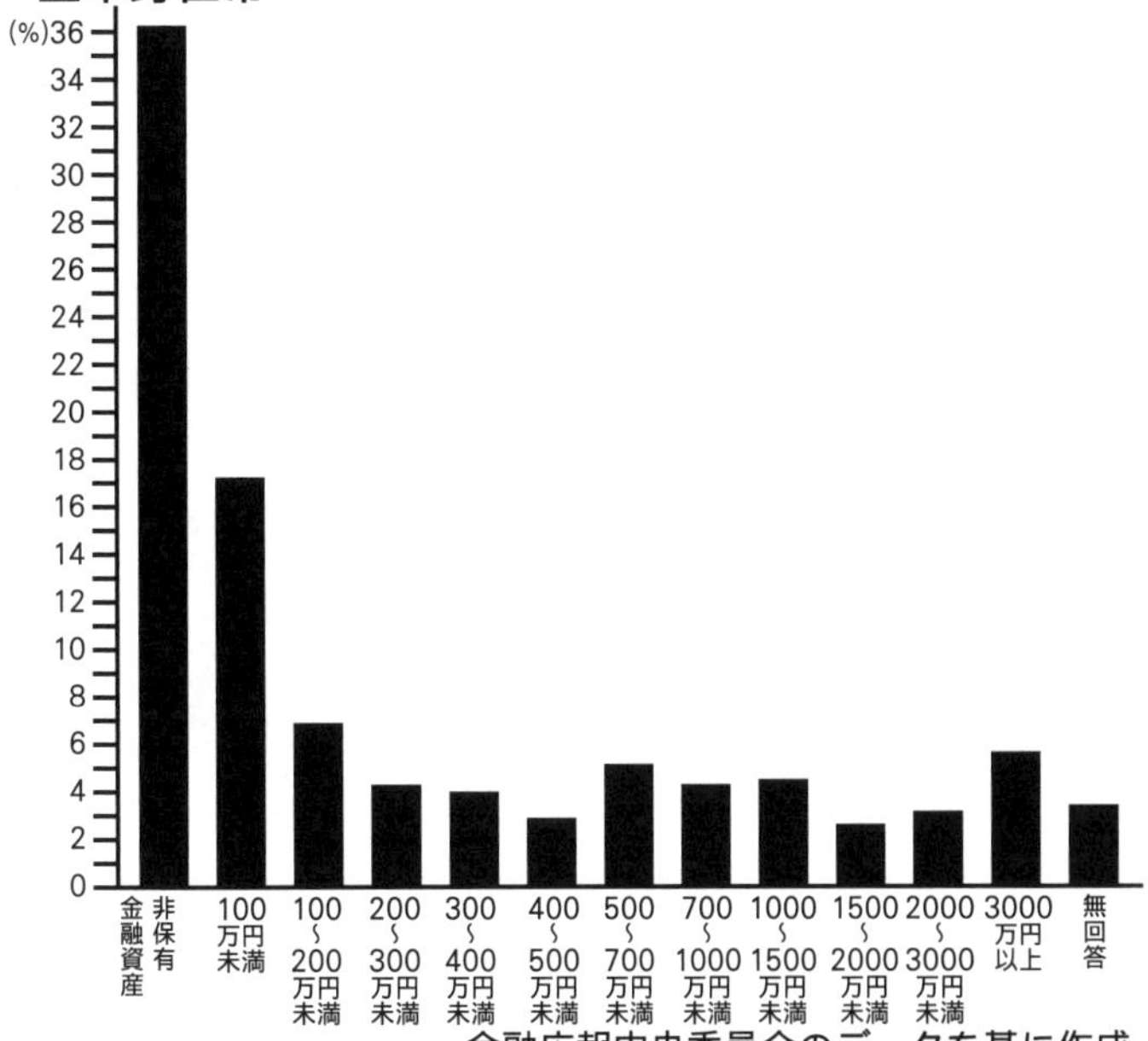

金融広報中央委員会のデータを基に作成

十分な資産がない人が圧倒的に多い。収入は伸びない、貯蓄もないという状況の中でインフレが進めば、生活はみるみるうちに苦しくなる。自力での家計運営は困難になり、生活保護に頼る人もどんどん増えて行くに違いない。

高収入の人や金融資産が多い人が相対的に有利なのは間違いないが、そのような人たちの将来が安泰とはまったく言い切れない。インフレとは、通貨価値の低下にほかならない。日本で言えば、日本円の価値が下がり、購買力が落ちることを意味する。

インフレがひどくなれば、サラリーマンの賃金も年金も、ある程度は上昇するだろう。しかしほとんどの場合、その上昇率は物価の上昇率に追い付かないはずだ。公的年金額は前年の消費者物価指数の変動に応じて改定される仕組みだし、賃金についても多くの企業は実際の物価上昇を統計などで確認してからでないと、簡単に賃上げはできないだろう。つまり、賃金にしても年金にしても、その引き上げはどうしてもインフレの後追いにならざるを得ないのだ。

仕事をリタイアして収入のほとんどない資産家は、特に気を付けた方がよい。

年齢別金融資産保有額

	全国	年齢				
		20歳代	30歳代	40歳代	50歳代	60歳代
金融資産非保持	36.2%	43.2%	31.1%	35.5%	41%	29.4%
100万円未満	17.2%	28.3%	19.9%	15.2%	10.4%	9.1%
100万～200万円未満	6.9%	8.8%	9.4%	5.9%	4.8%	5%
200万～300万円未満	4.3%	4.8%	5.9%	4.3%	3.3%	3.3%
300万～400万円未満	4%	3.6%	4.1%	3.6%	3.5%	4.8%
400万～500万円未満	2.9%	2.5%	4.6%	1.8%	2.8%	2.9%
500万～700万円未満	5.1%	2.9%	6.4%	6.4%	5.3%	5.3%
700万～1000万円未満	4.3%	1.7%	5.7%	4.3%	5.6%	5.2%
1000万～1500万円未満	4.5%	0.9%	4.3%	5.5%	5.3%	7.2%
1500万～2000万円未満	2.6%	0.5%	1.6%	3.6%	3%	4.5%
2000万～3000万円未満	3.1%	0.3%	2.1%	2.5%	4.3%	6.7%
3000万円以上	5.6%	0%	1.1%	5.7%	7.6%	13.8%
無回答	3.4%	2.5%	3.9%	5.7%	3%	2.8%
平均	653万円	113万円	327万円	666万円	924万円	1305万円
中央値	50万円	8万円	70万円	40万円	30万円	300万円

「家計の金融行動に関する世論調査（単身世帯調査）」
（2020年、金融広報中央委員会調べ）のデータを基に作成

個人が保有する金融資産一九九二兆円の、半分以上を現預金が占める。手元の現金、銀行に預けている預金は、残念ながら賃金や年金のように物価に連動してその価値が引き上げられることはない。インフレが進むと、購買力の低下という形で現預金の価値はどんどん低下して行く。たとえ今は億万長者であってもハイパーインフレでも起きようものなら、あっと言う間に没落しかねない。

たとえば、一億円の資産があれば都心の一等地や高級住宅地でもなければ立派な住宅が買えるだろう。それが、物価がどんどん上がり一〇倍になったらどうなるか？　一億円の住宅は一〇億円になり、一〇〇〇万円程度の築年数の古い住宅が一億円になる。つまり、一億円の実質的価値は一〇〇〇万円ということになる。物価が一〇〇倍になれば一億円の価値は実質一〇〇万円で、もはや軽自動車でさえ新車で買うのは難しい。インフレの下では、円の現預金は最悪の資産に成り下がるわけだ。

しかも、国家破産となれば、税金や社会保険料などの国民負担が増すのは避けられない。特に、資産家にとって脅威になるのは「財産税」だ。戦後の日本では預金封鎖によって国民の資産額を把握し、資産額に応じて財産税が課せられた。その最高税率は実に九〇％に達した。国家破産のリスクが高まる中、資産のほとんどを現預金で保有する資産家は、ハイパーインフレと財産税でほとんどの資産を失いかねないのだ。

金利が二％上がっただけで日銀は破綻する

インフレが進行した場合、中央銀行は利上げなどで金融政策を引き締める。市中に出回る通貨量を減らし、過熱しかけた景気を冷却し、インフレを抑えるわけだ。インフレが収まることで通貨価値も保たれる。

実際、インフレ懸念が強まる中、世界の金融政策も転換を迫られつつある。二〇二一年一〇月二六日付の日本経済新聞では、世界の中央銀行がコロナ禍の金融緩和局面から、景気への下押しリスクが残る中でも利上げの前倒しを迫られる状況を報じている。同記事によると、二〇二〇年は利上げしたのが九ヵ国、利下げしたのが七一ヵ国だったのが、二〇二一年は利上げ三二ヵ国、利下げ八ヵ国と利上げが大幅に上回っているという。ブラジル、ロシアなどの新興国に加え、ノルウェー、ニュージーランドなど先進国でも利上げに踏み切る国が相次いでいる。アメリカについても、FRBは二〇二三年までは利上げをしないという姿勢だったが、米金利先物市場では、二〇二二年に二回の利上げを織り込んでおり、利上げの前倒しは必至の情勢だ。

翻って日本はどうか？　景気は過熱には程遠く、物価上昇も他国に比べ極めて緩慢だ。現時点で利上げの必要がないのは、衆目の一致するところだろう。しかし、エネルギー価格の高騰や円安が「悪いインフレ」を引き起こすリスクが高まる中、やがて日本も利上げすべき時期を迎えることだろう。

ただし日本の場合、利上げすべき状況になった時、本当に利上げができるのかが問題だ。いわゆるアベノミクス以降に行なわれた過剰な量的緩和により、政府、日銀共に金利上昇に対して極めて脆弱になってしまった。一〇〇〇兆円を優に超える借金を抱える日本国政府にとって、金利の上昇は巨額の利払い負担を発生させ、財政をますますひっ迫させる。それに加えて、実は日銀にとっても金利上昇はすでに時限爆弾と化している。

日銀はすでに大量の日本国債を買い入れ、保有している。日銀による国債の買い入れはアベノミクス、そしてコロナ危機により加速した。アベノミクス以前の一〇年ほど前までは一〇〇兆円に満たなかった国債保有残高は、すでに五〇〇兆円を超えている。日銀は市中銀行から国債を買う際に現金を支払うことで金融緩和を進めるが、そのお金は市中銀行が日銀に設けた当座預金に積み上げられる。金利が上がれば、この当座預金に対する日銀の金利負担が増える。

このことについて、日本総合研究所調査部の主席研究員を務める河村小百合氏も、「日本の財政が破綻すれば、週五万円しか引き出せない日々がずっと続く」（『プレジデントオンライン』二〇二〇年一二月二四日付）と題した論文の中で警告する。河村氏によると、日銀が保有する資産の加重平均利回りはわずか〇・一九八%であり、短期金利を〇・二%引き上げるだけで逆ザヤに陥るという。一方、当座預金の規模は四八七兆円（その後さらに増え、五四〇兆円を超えている）あり、逆ザヤの幅が一％拡大するごとに、日銀は五兆円弱の損失を被る。日銀の自己資本は九・七兆円にすぎず、逆ザヤの幅が二％以上に拡大すれば日銀が債務超過に陥る可能性は大きいというのだ。

債務超過ともなれば、日銀の破綻さえも絵空事ではない。日銀の信用力は地に落ち、日銀が発行する日本銀行券、すなわち日本円の信用も失われる。円は暴落し、輸入物価の上昇を通じてインフレに拍車がかかる。こうなると、誰もがわれ先にと円を手放し、米ドルなどの外貨に替えようとするから、預金封鎖や引き出し制限といった資本規制が行なわれる可能性も高まる。

このように、日本では金利を上げようにも上げられない事情がある。では、インフレが進み、金利を上げるべき時に上げなかったらどうなるか？　考えられるリスクは、「インフレが制御不能になる事態」だ。本来あるべき水準よりも金利が低い状態にあれば、インフレ高進に歯止めをかけるのは困難だ。やはり、インフレに拍車をかける可能性が高い。

もう一つのリスクは、「資本流出」だ。まともな金融政策を行なうこともできなくなった日本の苦境が明らかになり、投機マネーによる日本売りの集中砲火を浴びることになるだろう。円が売られ、大幅な円安が進み、円安がますますインフレに拍車をかける。国民も海外へ資金を逃がそうと必死になるだろう。

つまり、ひとたびインフレに火が点けば、金利を上げようが上げまいが、日銀がインフレを抑えることはほぼ不可能に近いということだ。日銀は機能不全に陥る。いや、アベノミクス以降、量的緩和という名の事実上の国債引き受けというタブーを犯した時点で、日銀の金融政策はすでに機能不全に陥っていたと言ってよいだろう。「黒田バズーカ」とも言われた空前規模の量的緩和を行なったにも関わらず、円安と株高をうながしただけで肝心の成長率も物価もほとんど上がらなかった。

すでに国家破産は始まっている？

波紋を広げた矢野論文を批判する専門家も少なくない。「国債発行が増加しても日銀が買い入れを続ける限り財政は破綻しない」とか、「金利が成長率よりも低ければ、政府債務のＧＤＰ比の数値は上昇せず、財政は破綻しない」などの主張がある。どう考え、どう主張しようが、それはその人の自由だからあえて反論することは控える。

ただ、あれほどのばら撒きを行なったアベノミクス以降の約一〇年、ＧＤＰの伸びは主要先進国に大きく見劣りし、日本経済は国際的に見て確実に地盤沈下している。サラリーマンの給料など収入はほとんど上がらず、その一方で税金や社会保険料は引き上げられた。若い人が安心して結婚し、子供を育てられる環境には程遠い。少子高齢化に歯止めがかからないのも当然だ。大半の国民の生活水準は低下し、日本は確実に衰退に向かっていると言わざるを得ない。

私はかねてから、国家破産とはすなわち国民破産だと言ってきた。国家が破産しても、困窮するのは国家（政府）ではなく、国民だからだ。国民の多くがじわじわと経済力を失う現状を見ると、（本番はこんなものではすまないだろうが）すでにわが国の国家破産は始まっていると言えるのかもしれない。

第五章　命と財産の守り方教えます

まず行なうべきは、「正しく恐れる」こと

インフレという事象は、実に恐るべき経済現象である。私たち日本人は、この三〇年もの長きにわたってデフレ下に生きてきたため、インフレがどんなものかを実感としてすっかり忘れてしまっているが、しかしこのインフレなき状況は未来永劫続くものではない。

むしろ、前章までで見てきた通りインフレはもうすぐそこまで迫っており、すでに海外ではすさまじい混乱を生じつつある。いよいよ私たちにも、インフレが牙をむく時が刻々と迫っており、すでに一部ではそれが始まっているのだ。

しかもこれは、単なる経済的混乱に留まらない。私たちの命すら重大な危険にさらしかねない事態にもつながって行く可能性すらある。私たちは自分の命と財産を守るために、今まさに備えを万全に固めるべき重要な局面にいるのだ。

さて、本章ではインフレの脅威に対抗する方策について具体的に見て行くが、

個別の対策に言及する前にお伝えしておきたいことがある。それは、「インフレを正しく恐れる」ということについてだ。もちろん、ここまでを読まれた皆さんは「そんなことが起きると恐ろしいなぁ」と感じたことだろう。「自分の生活は、これからの人生はどうなるだろう」と不安に感じたかもしれない。つまり、事実や予測に基づいた「漠然とした不安と恐怖」でもって、インフレの恐ろしさを理解したと思われているかもしれない。

しかし、それでは十分に理解したとは言えない。インフレがいかに恐ろしいものかを知り、正しく恐れるには、「インフレによってわが身に何が降りかかり」、そして「それによっていかなる不利益がもたらされるのか」という極めて具体的内容を理解することが何より重要だ。

なぜ、そこまで理解する必要があるのか。実はこうしたやり方こそ、サバイバルの基本だからだ。私たちの人生も、ある種のサバイバルの連続である。生きて行く中で降りかかるあらゆる不安や恐怖に打ち克ち、困難な状況を生き残るためには、なんと言ってもその状況に正しく対処することが必須となる。漠然とした不安や恐怖を抱いているだけでは、正しい判断をすることはおぼつかない。正しく対処するには正しい判断が必要で、そのためには「恐怖や不安を正しく理解する」こと、つまり「正しく恐れる」ことが基本となるのだ。

「恐れる」という反応は、生物が危機を回避し生き抜くために身に付けた機能である。人間は、自らに害をもたらす他者を恐れ、そしてその恐れを取り除くべく策を講じ続けることで進化してきた。原初の時代、人間は自然界において絶対的な強者ではなかった。それどころか鋭い牙や爪を持たず、体は決して大きくなく、また強靭《きょうじん》でもなかったため、多くの外敵に命を狙われ続けてきた。そうした外敵への恐怖に対して、人間は学習と試行錯誤の結果として集団で行動し、道具を用いて対抗するという知恵を身に付けるに至ったわけだ。

人間にとって、不安と恐怖を駆り立てる最大のものは、「夜」や「暗闇」と言われる。これらに対する恐怖は、もはや人間の遺伝子に刻み込まれていると言ってよいほどだ。昼行性の人間は、夜の暗闇に目が利かない。五感もほかの動物ほど鋭敏でないゆえに、夜の闇ではほかの動物の格好の獲物となった。突然命を奪われるのみならず、それがいかなるものの仕業かもわからないという状況は、最も原始的にして最悪の恐怖である。これは、昼間に見えている外敵と対峙するのとは別格のものであり、「死」への恐怖に加えて「得体の知れないもの」への恐怖ものしかかるためだ。

そのため、夜闇の恐怖を取り除く「太陽」は人々の崇拝と信仰を集めてきた。太陽は、多くの宗教において「最高神」の一つに位置付けられてきたが、これはまさに夜や暗闇の恐怖を追い払うものとして、原初の人間の精神的拠所《よりどころ》であったためだ。日本神話において主神として登場するのは「天照大神」である。エジプト神話では「太陽神ラー」が最も偉大な神であり、ギリシャ神話では「ヘリオス」が、インド神話では「スーリヤ」が、ローマ神話では「ソル」が太陽神として登場し、人々の信仰を集めている。

また、人類が道具として「火」を用いるようになったことも、暗闇や未知の克服と大いに関係していると考えられる。元々あらゆる動物にとって、火は命を脅かす恐怖の対象であった。火山噴火や山火事が起きれば、巻き込まれた生き物は確実に死に至るからだ。しかし、そうした極めて大きなリスクを持つ火を、人間は不安と恐怖を克服するために自らの制御下に置き、道具として扱うすべを身に付けた。火は夜闇においても周囲を照らし、人間を不安と恐怖の底なし沼から救う最大の武器となったのだ。やがて火は、外敵を寄せ付けない極めて強力な道具にもなり、人間生活を便利に豊かにするあらゆる道具を生み出す基ともなった。そして、人間は地球上のすべての生物を凌駕する、強大な力を手に入れるに至ったのだ。

話を本題に戻そう。長々と述べたが、根源的に人間は「自分の知らないもの」に対して大きな不安と恐怖を覚える。しかし、それを克服する方法がある。「得体の知れないものの本質を知る」ということだ。人類の進化には、この「未知のものを知る」という欲求が大きく関わっており、そこには少なからず「未知のものへの恐怖」が根ざしている。孫子は「敵を知り己を知れば百戦危うからず」と言ったが、まさに「知る」ということが何よりも重要な要素なのである。

あなたが本気でインフレに打ち克ち、己の命と財産を守りたいと考えるなら、何よりも「インフレを正しく知り、正しく恐れる」ことが重要である。ということで、ここから少々紙幅を割《さ》いて、「インフレで私たちにどんなことが降りかかるのか」「どんな不利益を被るのか」について見て行く。

「インフレの脅威」とはいかなるものか

大まかに言えば、インフレによって引き起こされるのは「現金の価値の低下」であり、それによって生じる不利益とは「保有資産の価値が減少する」というものだ。そのことで予期せぬ貧困に陥り、命が脅かされるということがインフレの脅威の本質である。

ただ、コトはそう簡単ではない。私たちを取り巻く経済は複雑な動きを示すものであり、必ずしもインフレによって一直線に貧乏になり、命が危険にさらされるわけではないのだ。何となれば、何も痛痒《つうよう》を感じないどころか、一時的には保有資産が殖えて浮揚感を感じる局面すらあるかもしれない。

実は、インフレの脅威のもう一つの本質とは、「常に猛威を振るっているわけではない」という点だ。そこがポイントであり、恐ろしい点でもある。ライオンやクマなど、見るからに恐ろしい猛獣なら誰でも最大限の警戒を払うが、イヌやネコなどが愛想良くすり寄ってきたら、「かわいいねぇ」などと手を出してしまう人も多いだろう。しかし、そうした動物が豹変して引っかいたり噛み付いたりする危険は十分にある。中には、狂犬病など人間を死に至らしめる病気を持っているものもいるだろう。そうでなくとも、野良であれば不衛生この上なく、健康に害をもたらす可能性は十分に考慮すべきだ。

インフレの脅威とは、いわばこの「イヌネコの脅威」の部類だ。インフレの到来によって短期間で一気に貧困になり危機的状況になるのはまれで、多くの場合は浮き沈みを繰り返しながら右肩下がりに転落するという末路をたどるというものである。人によっては、本当に長い時間をかけてジリ貧の状態に至る場合もあるため、その中で本人が「貧困慣れ」してしまうこともある。「貧すれば鈍する」という状態だが、もうこうなると救いはない。本人が貧乏に取りつかれて、現状への危機感も改善への意欲も摩滅させてしまうからだ。こうなったが最後、後は社会の最底辺で死を待つばかりである。

では、インフレの恐ろしさについて具体的に見て行こう。

脅威①　現金資産は目減りして行く

ものの値段が上がるということは、すなわち「お金の価値が下がる」ということである。五〇〇円のランチが二〇〇〇円になれば、お金の価値は実質四分の一ということだ。もし、あなたの財布に一〇〇〇円しかなければ「今日はいつもの食堂で定食でも」と思っても、食事にありつくことはできないだろう。

しかし、ここにはちょっとした落とし穴がある。多くのインフレ局面において、ものの値段が一斉に上がったり急激に上がったりはしないということだ。たいていの場合、ある日、気が付けば行き付けの店の値段が変わり、またある日には久し振りに車にガソリンを入れて支払いの金額に驚き、別の日にはスーパーの値札を見てがく然とする、といった具合にちょっとずつ値上がりを実感するのだ。そして、かなりインフレが進んでからようやく、自分の蓄えが心もとないことに気が付くのだ。さながら「茹《ゆ》でガエル」の状況で、危険を感じて策を講じたいと思う頃には、すっかり茹で上がって身動きできない状態になっているのだ。

マメに家計簿を付けている人なら週単位や月単位で気付くこともあるだろう。しかし、そうでない人の場合は本当に数年も経ってようやく自分が貧乏になっていることに気が付く。実は、こうなってからでは手遅れである。目減りした資産は、もう返ってこないのだ。

インフレでどの程度資産が目減りするのか、基本的だが重要な考え方を紹介しよう。簡単な話である。たとえば、物価が三〇％上がったとしたら現金資産は三〇％目減りしているのである。物価が二倍なら、資産は二分の一に目減りしている。毎年三〇％のインフレが五年続けば、物価は一・三×一・三×一・三×一・三×一・三≒三・七倍となり、現金資産は約四分の一となるわけだ。

さて、今説明したこの例の中に、インフレの脅威の本質があったことにお気

インフレの脅威――現金資産が減価する

■たとえば――
物価が30%上がる
↓
現金資産30%目減り

■たとえば――
物価が2倍に上がる
↓
現金資産2分の1に目減り

■たとえば――
毎年30%のインフレが
5年続く
↓
1.3×1.3×1.3×1.3×1.3
=3.7倍
現金資産は約4分の1に目減り

付きだろうか。そう、物価上昇が長期にわたると、現金資産は恐ろしく減価するのである。三〇％のインフレとなるとそれ自体かなり深刻な状態だが、四〇〇円の牛丼が一年後に五二〇円になっていても、「結構上がったな」と感じはするだろうが「高くて手が出ない」ということはないだろう。しかし、これが五年後には一五〇〇円近くになるわけだ。

ランチに一五〇〇円も出せるのは、相当な高給取りという感覚だが、現金資産しか持たない人にとってはインフレ期の五年間は浦島太郎のごとしである。五年で世の中が激変し、牛丼が「高嶺の花」である世界になったように見えるのだ。しかし、それは世界が変わったのではなく、残念ながらその人が貧乏になっただけのことである。

もうおわかりだろう。なかなか気付きにくいが、インフレ期に現金資産を持つことは最悪の手なのだ。何しろ、現金は利息を生まない。そして、時間が経つほどに実質価値が目減りして行く。数年で「紙キレ同然」の事態すら十分にあり得るのだ。二一世紀に入るまでの約三〇年間にわたって、年率三〇％を超える慢性的な高インフレに見舞われたトルコでは、「手元現金をなるべく持たない」ことが常識になっていた。デフレが三〇年続いた日本では、この常識はにわかに信じがたいことだろう。しかし、これが新常識となる時代はもう目前に迫っている。いち早く頭を切り替えてその時に備えるべきだ。

脅威②　物価に賃金・年金が追い付かない

物価が上がっても、それに応じて収入が殖えるなら何も怖いことはない。単に収支の総額が殖えるというだけのことだからだ。しかし、インフレの恐ろしさとは「急に変化すること」である。そして、往々にして支出が大きく増えるのに対し、収入はそれに追い付かないという事態に陥る。

「ものの値段に給料や年金が追い付かない」という現象をよく想像してほしい。三〇万円の収入でやり繰りできていた人が、ある時点から急にやり繰りできなくなるのだ。貯蓄から毎月持ち出すことになり、いつになったら家計が黒字転換するのか見当も付かない。生活水準をどんどん切り下げざるを得なくなる。

それでもいずれ債務超過となれば、貧困に転落するかもしれないという恐怖が付きまとう。

生活を守ることに汲々とする状況は、精神的にも相当に過酷な状態だ。食べたいもの、行きたい場所、欲しいもの、やりたいこと……人間の文化的な営みを著しく制約される生活は、人が生きる上での意欲を失わせる。こうなってしまうとインフレの猛威に飲み込まれ、やがて大切な命すら失いかねない。

とはいえ、給料や年金を増やすのは並大抵のことではない。働いて副収入を得るなどの工夫はできるだろうが、それにも増してインフレに対抗できる資産形成こそが極めて重要となる。

脅威③　急激な物価上昇でものが買えない

インフレの恐ろしい本質として、「常に猛威を振るっているわけではない」ことに触れた。そう、インフレには緩急があり、それが最も気を付けるべき点なのだ。特に怖いのは、食料品やエネルギー、日用品など日々の生活に欠かせないものである。

たとえば、冬場の灯油は、北海道や東北、あるいは寒冷地に住む人たちにとっての生命線だが、ここに高インフレが直撃すれば生命の危険にも直結する。それなりに資産がある人なら問題なくとも、ギリギリの家計を回している人にとって、特定の生活必需品が急騰するのは致命的な話だ。それこそ、灯油が買えずに凍死するなどという悲惨な事件にもなりかねない。

コトは冬場の燃料に限らない。食料の高騰が命の危機につながる可能性もある。日本は食物の自給率が低く、また食料を生産するための肥料も多くを輸入に頼っており、インフレの影響を受けやすい。たとえば特定の食料品が高騰すれば、代替する別の食料品への「乗り換え」需要が発生し、それらも価格が高騰することになる。こうなると、生命を維持する食料が軒並み買えないという状況にすら陥りかねないのだ。

今の日本で「餓死」する事態などおおよそ想像も付かないが、世界を見渡せば、低開発国では残念ながら現在ですら餓死者は私たちが想像するよりも多い。

これが、今後インフレの進行によって急増する可能性はまったく否定できない。

そして、それは他人事ではないのだ。世界的インフレがさらに加速すれば、日本も例外ではなくなる。

脅威④　もの不足から争奪戦に

そして、物価高騰はそれだけに留まらず、さらなる恐ろしい事態をも招く。「もの不足」だ。想像してみてほしい。よく行くスーパーや商店街などで、毎週のように値段が吊り上がって行ったらあなたはどう思うだろうか。当然、「来週はもっと値段が上がるかもしれない。備蓄しよう」と考えるだろう。そうなった時、そう考えるのはあなただけではない。周囲の誰もが同じように考えれば、どんどんものが売れてやがて品切れとなる。

もちろん、単なる物価高だけがもの不足の原因ではない。世界中がインフレになれば、国家レベルでのものの争奪戦も行なわれる。そうなれば、需給がひっ迫した物資は日本に入りづらくなる。世界的な物流網にもものの争奪戦の影響が出れば、いよいよ日本にはものが入ってこなくなる事態すらあり得るわけだ。しかもそれに円安が加われば、日本は諸外国とものの奪い合いにおいて〝買い負ける〟という最悪の状況に陥りかねない。

いずれにせよ、目当てのものが品切れ、入荷未定となれば、やがて多くの人が慌てて別の店に駆け込むようになる。こうして少ない在庫を巡ってものの争奪戦が加速する。次に入荷する時はさらなる高値が付いているかもしれず、あるいは入荷未定のまま何ヵ月も待たされる可能性もあるため、争奪戦は熾烈《しれつ》を極めるだろう。

二〇一九年に国家破産状態に陥ったベネズエラでは、生活物資や食料品、医薬品がまったく手に入らず、スーパーに半日以上も並ぶ長蛇の列ができたという。それでも必要なものが手に入らず、中には一人で何個もの品物を独り占めする輩《やから》が現れ、殴り合いすら起きたというのだ。日本ではにわかに信じられない光景だが、だからと言って日本でそれが起きない保証はない。

脅威⑤ 銀行が「資産収奪機関」に!?

インフレ期には現金資産が最悪であることに触れたが、それに負けず劣らず最悪なのが「銀行の預金」だ。利息が付く点では現金よりマシだが、あくまで「多少マシ」という程度である。インフレ率以上の利息が付かなければ預け入れた資産は減価するし、大体インフレ率以上の金利を付けようものならすでに経営が苦しい銀行はいよいよ立ち行かなくなる。

高進するインフレを抑制するには、中央銀行(日銀)による利上げが基本となるが、だからと言って預金金利がインフレを上回るほど上昇することはまずあり得ないと考えておくべきだ。それよりも心配すべきなのは、インフレに劣後する金利ではない。インフレによるパニック、特に「取り付けの発生」と「預金封鎖の危険性」に最大の注意を払うべきである。

現金の場合は、資産価値が減少する前に使ってしまうなり、別の資産に替えるなりすることができる。しかしひとたび預金封鎖が行なわれれば、預入資産を自由に引き出したり、別のものに替えたりはできなくなる。実質的な価値がどんどん失われて行くのを、ただ眺めるほかなくなってしまうのだ。

それは、事実上の「資産収奪」にほかならない。そして、そうなってしまってはもう奪い返すすべはない。ひとたび銀行が「資産収奪機関」と化したら、もうその資産は失われたも同然なのである。あなたの預け入れ資産は、数年後多少でも戻ってきたら儲けもの、ぐらいの覚悟で考えておくのがちょうどよい。

脅威⑥ ものを持っても持ち腐れのリスク

インフレとは、「お金の価値の下落」である。そこで、インフレ期には通貨「以外」の資産を持つという資産防衛策が流行する。代表的なのは、株式、不動産、債券、金《きん》などだが、時には美術品や骨とう品、果ては家具・家財や車もインフレ対策として用いられることがある。

国家破産によって生じるハイパーインフレでは、身近な家財道具ですら「現物資産」として注目される。有名なところでは、第一次世界大戦後のドイツではインフレ対策に〝カーペット〟がよく売れたという。二〇〇〇年代初頭のアルゼンチンでは自動車だった。

しかしながら、こうした「現物資産」はインフレ対策としては手軽であるものの、多くの「ありふれたもの」では効果のほどはほとんど期待できないと考えた方がよい。冷静に考えればわかることで、資産の防衛に役立つ現物とは「高額で買い手が付く」ものに限られるからだ。そうしたものには希少性や価値を認める人が一定数いるからこそ高値が付くわけだが、インフレ期にも関わらず容易に入手できるもので、そのような要件を満たしているものなど、そうあるものではないのだ。

下手をすると、「インフレ対策」を謳った業者に体よく踊らされ、高値を掴まされる可能性すらある。インフレがパニックレベルにまで高進している状況なら、誰もが「ものでの資産防衛」の方法を求めるため、悪徳業者や詐欺師も数多く登場し、荒稼ぎすることだろう。そうした偽物の対策に引っかからず「パニック状態のカモ」にならないためには、平時のうちから正しい情報を入手し、本当に有効な対策をあらかじめ講じておくことが何より重要だ。

脅威⑦　インフレによって到来するさらに恐ろしい二つのコト

本書のテーマはインフレであるため、インフレ到来後に起こるであろうあるコトに対する詳細な説明や対策法については割愛するが、どのようなことが起こり得るかだけ、簡単に説明しておこう。

まず最大限に注意すべきは、インフレによって「日本の国家破産」が引き起こされるということだ。第四章で説明した通り、日本の財政は危機的な状況にあり、それを日銀が何とか支えているわけだが、インフレの到来がここにダメ押しの一撃を加えることになる。持続不能となった財政を立て直すために、極端な債務削減、緊縮財政が実施されることとなるが、それらは実質的には「徳政令」や「大増税」という、「国民資産の没収行為」となる。日本国債のデフォルトといった定義通りの「国家破産」にはならなくとも、これは事実上の国家破産状態である。国家破産によって起きることは、インフレの脅威の比ではなく、より苛烈な苦しみとなる。

しかし、これとてまったく打つ手がないわけではない。何が起きるか、どんな不利益を被るかをきちんと知れば、最大限の対策を打つことができる。

そして、インフレ後に到来するもう一つの脅威は、「社会の大混乱」だ。はたしてこれだけ平和ボケし、少子高齢化が進んだ日本でそうしたコトが起きるのか、という疑問も出そうだが、歴史を紐解《ひもと》けばこれからの日本にそうした事態が起きても何ら不思議はないことは明らかだ。

古今東西、国家に動乱が起こるのは決まって「国民が飢えた時」である。お隣の中国でも、すべての帝国が亡んだ原因は食糧危機からくる農民暴動だった。そのことを熟知し、心底からそれを恐れている習近平は、最近世界中から穀物を買い漁り備蓄している。さらに肥料の輸出も一時的に停止し、国内の食糧生産を優先する施策を採っている。彼はワルなりに歴史に学ぶ知恵者と言えるだろう。どんな悪政を敷いても、いかに権力が腐敗しようとも、最悪の暴君が君臨しようとも、民が飢えない限り動乱や暴動は起きない。逆に、どんな善人が清廉潔白な政治を行なっても、民が飢えればその国は大混乱に陥るのである。

直近で言えば、二〇一〇年のチュニジアを起点とした中東・北アフリカの民主化運動「アラブの春」は二〇〇〇年代の小麦価格急騰が引き金になっている。一九八九年の東西冷戦終結も、共産主義諸国の経済力が低下し、国民の貧困化が深刻になったことがその要因だ。さらに遡れば、一七八九年のフランス革命も歴史的な小麦の不作により、パンが高騰したことがダメ押しとなって引き起こされたものだ。第二章で述べたようにマリー・アントワネットが「パンがなければケーキを食べればよい」と言ったことに庶民が激怒した逸話が残されているが、これなどまさに当時のフランス市民がいかに「食べものの恨み」を権力者に抱いていたかの証左であろう。

そして日本である。すでにご周知の通り、日本の食料自給率は四割に届かない。しかも、少子高齢化のため就農人口も減り続け、また山地が多く狭隘《きょうあい》な地形のため大規模農業が難しい日本では、すぐに自給率を上げることも厳しい。こうした状況下でインフレが高進し、さらに天候不順で農作物が世界的にひっ迫すれば、日本の貧困は危機的な水準に跳ね上がるだろう。「令和のコメ騒動」どころか、「令和の維新」すら起きてもおかしくはない。

ただし、ここまで大きな混乱とならなくとも、世の中全体の価値観ややり方が変わる「パラダイム大転換」がやってくることは間違いない。近代日本においてはこの「パラダイム大転換」は明治維新と敗戦の二回起きている。時間的にもちょうど三度目の「パラダイム大転換」が起きても不思議ではない時期にきている。

＊　＊　＊

ここまで主だった「インフレの脅威」を具体的に見てきたが、いかがだっただろうか。ここで挙げたような不利益がわが身に降りかかることを想像すれば、それがいかに危険なものかも身に染みて理解できたことだろう。そして、対策への本気度も大きく変わったのではないだろうか。

インフレへの具体的な処方箋

ではいよいよ、インフレから大切な財産を守るための具体的な対策について見て行こう。まずは基本的な対策法を紹介する。

インフレ対策法〈初級編〉

極めて基本的だが、インフレ期に現金や預金で資産を持つのは「悪手中の悪手」である。よって、「現預金以外の資産を保有する」のが対策の骨子となる。

では、現預金以外のどのようなものを持つのが良いのか。カギとなるのは以下の点だ。
①インフレ下でも資産価値が大幅に下がらない、②現金化が行ないやすい、③当局による没収などののリスクが少ない——これらの条件を満たすもので、初級編にふさわしく取り組み始めやすいものがいくつかある。見て行こう。

■外貨の保有（国内）

まず注目すべきは「外貨を持つ」という対策だ。資産を外貨建てにすれば、日本円の著しいインフレに対してかなりの資産防衛効果が期待できるからだ。

ただし、外貨の保有にはいくつかの注意点がある。整理して見て行こう。

一、通貨は原則米ドルのみ

外貨と一口に言っても国の数だけ通貨はある。しかし、その中でも対策に有用なのは、ほぼ「米ドル一つ」と言ってよい。アメリカもインフレに見舞われており、しかも新型コロナ対策で莫大な金融緩和も行なっているため、通貨価値は下落基調と考えられる。しかしながら、一時の隆盛には劣るもののアメリカは覇権国家であり、米ドルは基軸通貨として実質的な世界経済の「血液」であることに変わりはない。当然ながら、日本国内での流通も豊富で、入手も現金化もしやすい。

また、米ドル以外の通貨については、基本的には対策としては不要だが、渡航やビジネスなどでつながりがある国の通貨であれば、ある程度保有しておくことも有効だ。特にビジネス上の事情がある場合は、円安リスクを回避する観点から積極的に取り組んでもよいだろう。逆に、海外との接点がほとんどない方にとっては、外貨を複数の種類に分散するのは、管理の手間だけ増えてあまりメリットはないため取り組むべきではない。

二、外貨現金は有効だが小額紙幣で少額に

「外貨を現金で保有する」のはインフレ対策として有効だ。二〇世紀後半に三〇年にもわたって高インフレに見舞われたトルコでも、外貨現金、特に米ドルの保有は資産防衛の知恵として重宝されていた。

また、外貨現金はインフレ対策のみならず、国家破産時のサバイバル原資としても極めて有用となる。破綻国家においては、紙キレになった自国通貨に代わって米ドルが流通するようになるためだ。

ただ、有用であるからと言って大量に保有するのはやめた方がよい。現金での保有は盗難や焼失のリスクもあるためだ。保有するとしても、生活費の数ヵ月分程度に留めるのが良い。

なお、国家破産対策も含めて考えるのであれば、一〇〇ドルなどの高額紙幣

を避け、一ドル、二ドルといった小額紙幣を中心にして保有するのが賢明だ。

三、外貨預金も有望、しかし過信は禁物

外貨現金の保有は有効だが、しかし入手の手間や保管管理、手数料などを考えるとそれほど手軽とは言えない。国内でできる最も手軽な外貨保有の方法と言えば、やはり「外貨預金」だ。多額の外貨を持っても管理の心配は不要な点が便利だ。

しかしながら、これもメリットばかりとは言えない。まず、外貨預金は預金保護の対象とならない。そのため、巨大インフレの到来で金融機関が破綻した場合、預入資産が大きなダメージを被ることもあり得る。また、金融パニックが起きて預金封鎖が実施されると、外貨預金は一切身動きが取れない資産となってしまう。さらに、インフレが高じて国家破産になった場合、多額の外貨現金と同様に、外貨預金も不当に不利なレートで強制円転される危険性がある。

これらの点を考慮に入れ、全資産の一部を、複数銀行に分散して預け入れる

などするのがよいだろう。また、インフレと円安の進行が顕著になってきたら、円口座に入金されたお金はすぐさま外貨預金に振り替え、なるべく日本円で預け続けないようにすることも心がけるとよい。実際、前述のトルコでは給与が振り込まれたら即時外貨預金に組み替え、使う時に使う分だけをリラに戻していたという。会社経営者の場合、運転資金をこの方法で防衛することも一考だ。

いずれにしても、外貨預金を身近な「道具」として、小規模でうまく活用するのが賢明だ。

四、証券口座やＦＸの活用も有効

外貨預金に似ているが、「証券会社やＦＸで外貨を保有する」こともできる。特に証券口座は、銀行の預金保護に相当する保護制度が外貨建て資産にも適用されるため、より積極的に活用を検討してよいだろう。さらに一歩進めて、「外債や外国株を購入する」のも有効だ。

ＦＸも証券口座に似ているが、こちらは預金保護に相当する仕組みがない。

ただ、信託保全を行なっているためペイオフ対象外の外貨預金よりも安全という見方もできる。ＦＸは為替取引の業者であり、手数料が証券会社や銀行と比べてもかなり格安な点は大きなメリットだ。また、一部のＦＸ業者では外貨現金の引き出しサービスを実施しており、うまく活用すればメリットが享受できるだろう。

■現物資産の保有

外貨と同様に、「現物資産の保有」もインフレ対策として非常に有効だ。ただ、ものであれば何でもよいわけではないのはインフレの「脅威⑤」で解説した通りだ。また、資産性があるものであっても、それらの物価上昇率はまちまちであるため、持つものによっては有利・不利が分かれてしまう。また、どの現物資産が本当に有利かはその時々によってまちまちで予測は極めて難しい。したがって、ある程度有望なものに絞って分散保有することが重要となってくる。

インフレ対策として、検討に値する資産をいくつか見て行こう。

一、金《きん》（ゴールド）

現物資産の代表格と言えば「金《きん》」（ゴールド）だろう。金《きん》は数千年の歴史を持つ人類の資産の象徴であり、かつては貨幣に用いられていた。つまり、金《きん》とは「お金そのもの」だったのだ。一九七六年にキングストン体制が承認されて以降、金《きん》本位制は名実共に廃止されたが、しかしなお金《きん》の資産性はまったく失われないどころか、金融危機とコロナショックを経て先進諸国が大量のマネーを刷りまくり、また脆弱な国家が衰退する中で金《きん》に対する評価はむしろ大きく上昇した。歴史を紐解けば、あらゆる国家のインフレに対して金《きん》は常に勝者であり続けた。すなわち、金《きん》はまさにインフレ対策の王道中の王道なのだ。

二〇二一年一一月現在でも、金《きん》価格は一グラム六五〇〇円前後と歴史的高値圏にあるが、しかしまだまだ上昇余地は大きいと見るべきだろう。新型コロナ後は工業実需も増え、また新興国を中心に金《きん》の需要がまだまだ伸びると考えられるためだ。日本においては財政悪化による悪いインフレ、悪い円安の加速が金《きん》価格の急騰につながると考えられる。よって、金《きん》はこれからの時代に必携の資産となる。

しかし、金《きん》には極めて重大な注意点がある。資産としての有用性から、国家の監視の目が厳しいという点だ。特に国家破産状態に陥ると、当局による没収（不当に不利なレートでの強制買い上げ）の憂き目を見る危険性は飛躍的に高まる。よって、資産の大半を金《きん》で保有すると、かえって資産を大きく減らしてしまう危険もあるのだ。

また、価格が高騰すると偽物が流通しやすくなり、また現金化も困難になることが考えられる。正規品の刻印と証書を持っていれば基本的には問題ないが、それでも多すぎる金《きん》は保管にも気を遣い、またイザという時持って運ぶのも非常に大変だ。また、金《きん》よりもインフレの恩恵を受けて資産価値が高まるものも存在する。そうした事情を総合すると、金《きん》の保有は資産全体の一～二割程度までに留めておくのが賢明だ。

金《きん》は、保有の仕方も肝心だ。単にインフレ対策だけを考えるならば現物である必要はなく、ＥＴＦや純金積立、金《きん》業者による補完サービスなどを利用してもよい。ただ、国家破産の危険が増した場合には、こうした「ペーパーゴールド」は不利なレートで換金されるか没収される運命をたどることになる。したがって、将来的なリスクも考慮するなら、現物で保有するのが最もわかりやすく現実的な方法だ。

有名なブランドのものであればどこのものでもよいが、購入時の証書類はなくさないように本体同様にしっかりと保管することを強くお勧めする。数年前、日本への金《きん》密輸が急増し一時海外刻印の金《きん》が取引きできない事態となったが、こうした事態が起きても証書類がしっかり整っていれば真正性が認められやすくトラブルが少ないためだ。また、金《きん》現物と言えば「延べ棒」（一キログラムの地金）をイメージする方も多いが、これを保有するのはあまり賢明ではない。売買にかかるコストは最小ですむものの、売買するとかなりまとまった金額が動くため、ちょっとだけ現金化するということができない。

やはり、多少のコストを支払ってでも一〇〇グラムの地金やコインなどの少量のものを多く持つ方がよいだろう。

二、ダイヤモンド

現物資産としてもう一つ検討すべきものが「ダイヤモンド」だ。ここ数年、私の書籍でもたびたび言及しているのでご存じの方もいらっしゃるだろうが、まだまだ「現物資産」としての認知度は低く、趣味の嗜好品という域を出ていないと感じる。しかしながら私は、ダイヤモンドは今後インフレが高進して行けば、有効な対策としてかなりの注目を集めるのではないかと見ている。

実物資産としてのダイヤモンドのメリットは、希少性が高く高額であること、金《きん》に比べて小さく軽く持ち運びやすいため、イザという時にポケットに入れて移動ができるという点だ。

金《きん》にはおよばないものの、実はダイヤモンドも歴史的に見て資産性が高い現物としての地位を確立している。「戦後最大のフィクサー」と呼ばれ、日本の闇社会をけん引していた児玉誉士夫は、戦争中に蓄えた莫大な財産をダイヤモンドなどにして持ち、戦後の政治活動の軍資金にしたと伝えられている。また、画家の藤田嗣治は、太平洋戦争中に戦争画を書いたことで戦犯扱いされ、戦後に日本を去る際には、絵の具のチューブにダイヤモンドを入れて飛行機に乗り、海外での余生の資金に充てた。このように、ダイヤモンドは実は騒乱の時代に資産を防衛するための極めて有効な手段であったのだ。よって、今後到来する高インフレ時代においても、その有用性は証明されることとなるだろう。

ただ、ダイヤモンドの保有にも注意点がある。特に重要なのは、「現金化も見据えて適切な業者を頼る」ということだ。実はダイヤモンドは、普通の宝飾品店で買ったものでは売却が極めて難しいのだ。仮に買い取りに応じてくれたとしても、買値の数分の一程度にでもなればよい方で、これでは資産防衛という意味ではほとんどものの役に立たないのだ。

では、どうするのかというと、「本物のダイヤモンド取引業者を通じて本物を極めて安く買う」のである。実は、ダイヤモンドにはプロ専用のオークション市場がある。ここにアクセスできる専門業者は限られているものの、そこを通じてであれば適正な価格で買うことも、もちろん売却することも可能となるのだ。業者によって買取り価格は異なるが、買値のおよそ七～八割程度で買取るようであれば良心的であり、かなり適正価格に近いと言えるだろう。金《きん》の売買価格差は数％のため、その点では見劣りはするが、資産防衛のためのコストと考えれば十分に許容範囲といえるだろう。

また、今後インフレによって価格が大きく上昇すれば、売買価格差を補ってさらに利益を出す可能性もある。ハイパーインフレともなれば買った時の価格に比べ数倍、数十倍（円ベース）の価値となり、そこから七〜八割程度の買取り価格であったとしても、その売却で得られる現金であなたは生き残ることができるかもしれない。つまり、ダイヤは最後の命綱というわけだ。

ダイヤモンドによる資産防衛には、ほかにもいくつか注意点がある。ダイヤモンドは4C（ダイヤモンドの品質をあらわす四要素）によって価格が大きく異なるが、趣味嗜好で選ぶのではなく「オークションで流通しやすいかどうか」で選ぶべきである。重さ（カラット）で言えば、一カラット程度のものが最も扱われやすい。カットやカラー、クラリティといった品質については、いずれも最上級であれば文句はないが、一定以上の品質であれば多少は妥協しても問題ない。いずれにしても、売却時のことを考えて妥当なものを選ぶことが重要になってくるわけだが、その点も専門業者に相談しながら購入すれば安心だ。

私は長年、資産防衛に堪え得るダイヤモンドの購入方法を模索し続けてきたが、この度非常に信頼できる専門業者とのルートを確立することができた。そこで、本当に資産防衛としてのダイヤモンド活用に興味があるという方に向けて、そのノウハウをお伝えする「ダイヤモンド投資情報センター」を設置したので、ぜひとも巻末の情報を参照していただきたい。

三、その他の現物資産

インフレ期には様々な現物が資産として注目される。第一次世界大戦後のドイツではカーペットなどが注目され、二〇〇〇年代初頭のアルゼンチンでは自動車が売れた。では、きたるべき大インフレに注目すべきものはあるだろうか。

率直に言って、私は一般的な商品には注目に値するものはないと見ている。それよりも、一部の人が熱烈に欲しがる、そして希少性の高いものが有望だろう。一例として挙げておくと、「自動車」である。それも普通のものではなく、マニアの間で熱狂的な人気がある「クラシックカー」が注目だ。実は日本のクラシックカーは、海外のマニアたちの注目も集めている。一九八九年に発売された日産スカイラインGT－R（R32型）は、発売価格は五〇〇万円程度だったが、いまや一〇〇〇万以上の価格が付いているものも珍しくない。さらにその一世代前の「ケンメリGT－R」（四代目スカイライン）に至っては、五〇〇〇万円近い価格が付くこともある。実はこれらの「中古車」は、一時期はほかの中古車と同様に「お安く」購入できた時期もあった。しかし、年月が経ち程度の良い車体が減る中で、裕福な一部のマニアがその魅力に着目して買い漁った結果、価格が高騰したのだ。

この流れは一過性と思われたが、どうも潮目が変わってきている。特定車種に限らず、幅広い車種で価格が上昇しているというのだ。また、これから「クラシックカー」になる車種の中にも、マニアにとっての「名車」入りする有望株があると見られる。車好きの人にとっては、趣味と実益を兼ねて取り組む価値があるかもしれない。

もう一つ、注目しておいて面白いものを紹介しておこう。それは「カバン」である。それもただのカバンではない。エルメスの「バーキン」だ。フランスが世界に誇るファッションブランド「エルメス」においても、絶大な人気を誇るシリーズが「バーキン」というバッグだ。フォーマルからカジュアルまで幅広く使えるデザインながら、丈夫で長持ちするという実用性も備えていることから、世界中のセレブも「バーキン」を愛用している。品質へのこだわりは徹底しており、定番モデルにも関わらず生産数は少ない。「バーキン」の予約リストには、二年先の発売分まで客が付いていると言われる。

これだけの人気商品ゆえ、オークションでも高値で取引きされている。通常でも数百万円で取引きされるが、限定の色や素材、保管状態によってはさらにプレミアムが付くこともある。二〇一五年には、何と二八〇〇万円もの値が付いたものもあるというから驚きだ。これも先ほどのクラシックカー同様、一部の熱狂的マニアの存在と商品の希少性がその価値を支えている。しかも一九八四年の発売以降一度も価値が下落しなかったというのは、もはや奇跡的というほかない。一部の人たちにはすでに「投資対象」としても注目されており、今後もし入手できる機会があれば、使用せずに大切しておけば将来の大きな資産になるかもしれない。

「クラシックカー」や「バーキン」に限らず、同様の熱狂的需要がある商品であれば、将来インフレによって大きく資産価値が上がることは期待できるだろう。「お楽しみ」の投資として、ポートフォリオの一部に加えてみるのも面白いかもしれない。

インフレ対策法〈中級編〉

さて、ここからは対策法の中級編を見て行く。中級編でのテーマは「海外の活用」だ。純粋なインフレ対策のみであれば海外の活用は必須ではないが、その後に日本が陥る危機的状況を加味すると、ここで触れる対策は行なっておくことを強く推奨する。また、状況次第では比較的安定的に資産を増大させ得ることも、本対策に取り組む意義として大きい。では、早速見て行こう。

■海外口座

まず挙げたいのが、海外での資産預入先となる「海外口座の保有」だ。日本の外に資産の出入り口を持つことの意味は、インフレ対策というよりむしろ国家破産時の「徳政令」対策としてより大きな意味がある。インフレ対策の観点でも十分に有用であり、一定以上の資産規模の方は保有を強くお勧めする。

インフレ対策としての海外口座のメリットはいくつかあるが、まず外貨建て資産を安全に保有できるという点だ。国によってはペイオフによって外貨の預金が保護されることもあり見逃せない点だ。もちろん預入先の国、銀行が優良であることが前提だが、日本が世界最悪の財政状況であることを考慮すれば海外に資産分散をしておくことは極めて重要だ。

また、預金金利も現地水準で付く点も大きな違いだ。日本の銀行では、外貨の金利が上昇しても外貨預金に反映される部分が少ないため総じて不利である。

特に今後、インフレが進行する中でこの差は大きくなるだろう。

国外にある外貨建て資産ではあるものの、日本国内にいながらにして使うことができる点もメリットだ。海外口座にはデビットカード機能が付いているものが多く、何となれば預金封鎖時でも国内でカード払いに使うことができる。もちろん、国内の提携ＡＴＭを使って現金（日本円）を引き出すことも可能だ。

ただ、海外口座保有にはいくつか注意点がある。保有する口座は財政・政治が健全な国の、優良な経営状態の銀行であることが必須だ。新興国などには魅力的な金利を提供する銀行もあるが、相応のリスク（倒産など）があることを肝に銘じるべきだ。また、銀行が日本語に対応しているかも極めて重要だ。銀行とのやり取りは想像以上に多く、また専門的な用語も使うため、日本語は必須と考えておいた方がよい。

このほか、口座開設時や万が一の場合には現地への渡航が必要となること、口座維持の手続きがそれなりにある点も注意が必要だ。長期間何もせずに放置しておくと、「休眠口座」や「口座凍結」となって国に差し押さえられる場合もある。そうした維持に自信がない方は、専門家の助言を受けてうまく対応するとよいだろう。海外に関係する経験がない方でも、専門家の知見を借りれば十分に対策は可能であるから、ぜひとも取り組んでいただくことをお勧めする。

なお、私が主宰している二つの会員制クラブ「ロイヤル資産クラブ」「自分年金クラブ」では、海外を活用した資産防衛、資産運用について長年の経験と豊富な知見を有しており、海外口座の保有・維持、活用についても適切な助言が可能となっているので、ぜひとも活用をご検討いただきたい（詳細は巻末をご参照下さい）。

■海外ファンド

「海外ファンド」は、海外資産保有という点で非常に有効な方法である。海外口座との決定的な違いは、①日本にいながらにして海外金融機関に資産を預け入れられる、②預金とは異なり、プロに運用をゆだねて収益獲得も期待できる、という点だ。

海外口座と異なり、海外ファンドは国内にいながら必要な手続きが完了できる。基本的には誰でも買付けができ、また最低投資額が百数十万円程度のものからあるため、複数のファンド銘柄に分散投資をすれば資産の保全性を高められるのだ。

日本国内でもファンドに似たような仕組みとして「投資信託」があるが、残念ながらその内容は似て非なるものと言わざるを得ない。国内の投信では、複数の株式銘柄を組み合わせて運用するようなものばかりしかないが、海外ファンドには実にバリエーションに富んだ選択肢が提供されているのだ。たとえば相場に左右されずに手堅く収益を獲得するものや、特殊な投資戦略を用いて恐慌や高インフレなどの相場局面でも収益を獲得できるもの、といった具合だ。

運用は金融のプロが行なうので、投資家は基本的に結果を確認するのみでよく、また株式や社債、預金のように配当や利息が出ない形が主流のため、税務申告はファンドを解約して利益が出た時だけでよい点も魅力だ。また海外ファンドの場合、海外口座における預金と違って、毎年利益分の税金を払う必要がなく（解約時のみ払えばよい）利益が複利で雪ダルマ式に殖えて行くので非常に有利だ。

バリエーションに富む海外ファンドの中でも、いくつか注目すべきものを簡単に紹介しよう。まず、「ＭＦ戦略」を用いたファンドである。「ＭＦ戦略」は、特定の市場トレンドが生じるとそれを利益源泉にするという性質がある戦略で、これからの世界的なインフレトレンドに対して収益を獲得する期待があるのだ。ＭＦ戦略の一つである「Ｔファンド」（私が主宰している「ロイヤル資産クラブ」で情報提供している）は二〇二二年の一月から一〇月末までで五〇・五八％も上昇した。

また、そうしたインフレトレンドによる相場に直接左右されない運用も興味深い。私が非常に注目している「ＡＴ」という銘柄は、新興国の公務員向け消費者金融や貿易決済のつなぎ融資など、世界中の様々な国、地域の融資機会をフィンテック（金融とＩＴの融合技術）を活用して発掘、投資するというものだ。年六％程度の利回りを非常に安定的に稼ぎ出し続けているが、引き続き安定的な運用が期待できる上、さらにインフレ基調が融資ビジネスに追い風となる公算が高いことから、さらなる良好な成績も期待できる。

そしてもう一つ、私がひそかに大きな期待を寄せているファンドがある。通称「ＰＭファンド」と呼ばれるもので、これからのインフレトレンドで大きく飛躍が期待される。「ＰＭファンド」の運用戦略は、投資対象を金《きん》、銀、プラチナなどの貴金属に限定し、かつ「現物」で保有するという、かなり珍しいものだ。貴金属保有や売却にあたっては、各貴金属の価格推移などを基に特殊な計算方法で決定される。各貴金属の保有比率を動的に変化（リバランス）させることで収益獲得を狙って行くというものなのだ。世界的なインフレを背景にして、貴金属価格は大きく変動しながら高値で推移しているが、世界規模での金融緩和により、さらなる上値を伺う展開も予想される。長期的に見て、じっくり取り組む価値が高いファンドと言えるだろう。いずれにせよ、「ＰＭファンド」は金《きん》の現物保有を補完するものであり、金《きん》の没収対策として極めて有効だ。

様々な魅力をもつ海外ファンドだが、残念ながら日本国内ではほとんど知られていないのが実情だ。その理由は、このような情報を取り扱っているところが極めて少ないためなのだが、だからと言ってあきらめる必要はない。私は三〇年近く前から海外ファンドの魅力に着目し、情報を取り扱う助言組織を立ち上げて運営してきた。二〇年以上の助言実績を持つ二つのクラブ「ロイヤル資産クラブ」「自分年金クラブ」では、資産規模に応じてファンド銘柄の情報や投資に関する助言を行なっている。ここで挙げた三つの魅力的なファンドを含め、多くのファンド情報について会員様に随時情報提供、助言を行なっている。興味がある方はぜひクラブにご入会いただき、情報を得ていただきたい（詳しくは二二九ページをご覧下さい）。

インフレ対策法〈上級（攻勢）編〉

ここまでは、インフレ対策について守勢というべき対策法を紹介してきたが、上級編では一変して、「攻め」の対策法についていくつか見て行く。「上級」と銘打ったが、実際のところこの項で紹介する対策のいくつか（少なくとも最低一つ）は実践しなければ、あなたの資産は良くて現状を維持するのがやっとで、インフレに太刀打つには極めて心細いものとなるだろう。

■株式

インフレ局面における資産防衛の大本命と言えば、やはり株式だ。インフレが高進する時期には様々な事件やイベントによって株価は激しい動きを見せがちであるが、それにおびえていてはいけない。そうした局面に果敢に挑んでこそ、大きな成果も得られるというものだからだ。実際、過去のいくつかの事例を見てもそれは明らかだ。

太平洋戦争によって日本は焼け野原となり、深刻なもの不足と過酷なインフレに苛《さいな》まれたが、実は終戦直後にはすでに株式取引は再開されていた。証券取引所が閉鎖されていたため、証券会社で店頭取引が行なわれていたのだ。その当時の取引量や価格の資料を見ると、インフレ期には株価が急伸していたことがよくわかる。特に一九四八年から四九年にかけての一年間は、株価が急騰し約五倍に跳ね上がっている。この時期は、特にインフレが高進していた時期と重なる。物価がうなぎ登りに上昇する中、少しでも目端《めはし》の利く人々は株式へと殺到していたわけである。

第一次世界大戦後のドイツでも同様の株高が起きている。敗戦によって多額の賠償金を課されたドイツは、実質的な財政破綻に陥っていた。わずか一月で物価が三〇〇倍近くになるという激しいインフレが起き、通貨マルクは瞬く間に紙キレとなった一方、株価はそれにも匹敵する大暴騰を見せたのだ。

中東イスラエルでもインフレ期の株価急騰が見られた。一九七〇年代から八〇年代にかけて、イスラエルは第四次中東戦争（一九七三年）、イラン革命（一九七九年）、イラン・イラク戦争（一九八〇年）と二度の石油ショックによって混迷の渦中にあった。年率平均八四％というインフレによって、一九七二年からの一五年間で消費者物価指数は一万倍になったという。このすさまじいインフレ下で、イスラエルの株価は六五〇〇倍にもなった。当然、物価上昇率をはるかにしのぐ銘柄も数多く誕生した。

このほかにも例はあるが、この辺でいいだろう。要するに、「インフレ＝株式投資」なのだ。これをしっかりと頭に叩き込んで、いかにこれからのインフレ時代に資産を守り、殖やせるかを考えるべきなのだ。

さて、ここで一点、大きな注意点がある。「株式投資で誰でも儲かるのか」「どんな株でもいいのか」という話である。もちろん、その答えは「否」だ。そんなに簡単な話なら、誰も資産防衛に苦労したりしない。大きなトレンドとして株式投資が有利になるのは確かだが、それでも銘柄やタイミングの見極めが成否を分けることに変わりはない。やはり鍛錬を積んで、相場観を養うほかにないのだ。

しかしながら、あきらめる必要はない。今からでも株式投資を経験し、徐々に鍛錬を積んで行けばよいのだ。いよいよ大インフレが到来した時に、遺憾《いかん》なくチャンスを活かせるように準備を進めるのである。「そうは言っても何から手を付けたらよいのか」という方には、専門家の情報を活用することから始めるという手がお勧めだ。

私は長年、株式投資のよい方法を模索し続けてきたが、ここ数年でようやく一定の成果を期待できる方法にたどり着くことができた。私自身の情報だけでなく、相場分析のプロの知見も活用する方法だが、今後のインフレ期にはさらに大きな成果が期待できると考えている。そこで、このノウハウを皆さんにも活用していただくべく、二〇一八年から「日米成長株投資クラブ」を、二〇二一年からは「ボロ株クラブ」と「㊙株情報クラブ」を発足し、株式投資に関する特殊な情報を提供している。

いずれのクラブも、日本株を中心にした情報提供を行なっているが、その狙いはそれぞれ異なる。「日米成長株投資クラブ」は、テクニカル的に短期急騰期待の銘柄や急落後反騰期待の銘柄、テーマ株などに的を絞った情報提供を行なっており、すでに三年以上の実績がある。この間、短期急騰銘柄をいくつも提供することができ、今後発信される情報にも大いに期待が高まる。

「ボロ株クラブ」「㊙株情報クラブ」は発足から日が浅いクラブではあるが、確率統計の手法を用いた特殊な銘柄情報や株価指数に関する情報を発信しており、実績が出始めている。「ボロ株クラブ」は、その名の通り低位小型株、いわゆる「ボロ株」をメインターゲットにしているが、小額から取り組みやすく、大化け（大きな株価上昇率）が期待できるという点を狙いにしている。「㊙株情報クラブ」は、勝率を重視した情報提供を目指し、さらにかなり特殊な銘柄情報も取り扱うため、少人数限定かつ会員条件も厳しめに設定した。各クラブの詳細については、巻末の二三二ページをご参照いただきたい。

ここに挙げたような情報を活用するのでないにしても、株式投資は取り組むなら早い方がいい。経験を積み、勘どころを掴んでいる方がチャンスをものにしやすいためだ。インフレがいよいよ本格化してきてから、慌てて取り組むのではせっかくのチャンスも取りこぼしてしまうことだろう。

ただ、くれぐれも欲をかいたり大冒険はしないことだ。投資において最も重要なことは、「続けること」である。軍資金が底を突いたり、回復不能な精神的ダメージを受けたりするような、「投資が続けられない負け方」は絶対に避けることだ。そこを死守できれば、多少の勝ち負けはすべて貴重な経験となり、やがて成功の糧となる。ぜひとも、読者の皆さんには、果敢に取り組んでいただきたい。

■オプション

株式投資にも勝るとも劣らない、インフレ期に注目すべきもう一つの投資が「オプション取引」だ。日本においては「日経平均オプション」の取引きが主流で、個人投資家も少額の資金で参加できる。「日経平均オプション」とは、決まった日に日経平均を「買う権利」（コール）や「売る権利」（プット）を売り買いする取引きで、先物と同様に「買い」も「売り」も行なうことができるというものだ。最小投資額が一〇〇〇円からと少額で、「買い建て」のみの取引きなら極端な損失になりづらいため比較的安全だ。

それにも関わらず、リーマン・ショックやコロナショックのような暴落相場になると、投資金額の数百～一〇〇〇倍以上（一〇〇〇〇％ではなく、一〇〇〇倍！）というすさまじい収益を上げることも可能なのだ（一方、「売り建て」の場合はこれとは違う妙味があるのだが、まれに莫大な損失を被ることがあるため、よほど習熟した人以外は手出し厳禁である)。

オプション取引の妙味は、「買い建て」を行なう人の場合株価の大変動期に訪れる。株価の大変動によってオプション価格が驚くほど高騰することがあり、小さな原資が莫大な利益を生むことがあるためだ。ある意味で「飛び道具」的な持ち味なのだが、インフレが高進すると、株価変動も非常にダイナミックになりやすい。こうしたタイミングをうまく活用すれば、資産の増大も夢ではないのだ。

しかしながら、オプション取引には周到な準備と勉強が必要だ。取引きはネット証券に限定されるため、パソコンやスマホの習熟が必須となる。また、取引きルールや価格推移の特徴など、オプションの最低限の基礎をきちんと勉強しておく必要がある。株式投資などに比べると、少々ハードルが高い投資なのだ。

しかし、まったく歯が立たないほど難しいものではない。適切に準備し、勉強すれば習得は可能である。そして一度習得してしまえば、前述のような極めて大きなチャンスも活用できるのだから見逃す手はない。

そこで私は、魅力あふれるオプション取引にぜひ積極的に取り組んでいただくべく、二〇一八年一〇月に「オプション研究会」を発足、会員様にオプションの基礎知識とパソコン・スマホでの操作の習熟をサポートしている。オプション取引に関心がある方は、巻末に概要を紹介しているのでぜひ活用をご検討いただきたい。

■仮想通貨

さらなる一手として、仮想通貨への投資も今後極めて興味深いものとなるだろう。二〇一七年の「ブーム」以降、低迷していた感のある仮想通貨だが、二〇二一年に再び価格が急騰し、注目を集めた。しかも今回は、アメリカでのビットコイン先物上場や上場企業による仮想通貨参入などといった、既存の経済との融合も進んだため、「資産」としての位置付けもかなり堅固なものになりつつある。

仮想通貨は、発行体が国ではなく、今までの「通貨」とはまったく異なる性質を持つ。インターネット上で容易に移動が可能な点など、可搬性に優れるという面白い特徴がある一方で、草創期には付きものの価格変動が激しいという難点もある。「ビットコイン」「イーサリアム」など代表的な銘柄はともかく、いわゆる「草コイン」と呼ばれるような弱小銘柄は、まだまだこれから淘汰の波にさらされることだろう。仮想通貨の世界も、やはり銘柄選びとタイミング選びは極めて重要な点になることは変わりない。

総合的に見て、まだまだ資産のごく一部に留めるべき投資ではあるが、逆に最も「大化け」の可能性があるのも仮想通貨の大きな魅力だ。インフレ対策としてはもちろん、国家破産対策としても期待が持てるため、今から少しずつ取り組んで行くのも面白いだろう。

インフレに対抗する究極の（極端な）方法

さて、ここまでで見てきたようなインフレ対策は、インフレで資産をなくさない、減らさないと言う、いわば「王道」のたぐいであるが、ここで少し頭を切り替えてインフレに対抗するためのまったく別のアプローチ、「究極」とも言うべき方法についても見て行こう。実践をお勧めするものではないが、あくまで「そういうやり方もある」という程度に参考いただきたい。

一つ目の方法は、お金に依存しない経済圏を自分で作り、その中で生きるという方法だ。要するに、生活に必要なすべてを自給自足するか、あるいは物々交換で調達できるようにするというものだ。

近年、田舎暮らしが見直される風潮の中で、都会を捨ててド田舎の一軒家に移り住み、あらゆるものを自分の手で生み出し、あるいはご近所付き合いの中で調達して生活する人が出始めている。どうもそうした人たちは、現金収入がほとんどなくとも日常生活がほぼ支障なく回っているというのである。インフレとは通貨価値の下落だが、そもそもお金を持っていない、使わないという生活なら、その価値がいくら下落しようともまったく関係がない。つまり、この「自給自足生活」は、まさに「究極のインフレ対策」ということなのだ。

しかしながら、よく考えてみるとこの暮らしはかなりハードルが高い。食だけならまだしも、住居も自分でメンテナンスし、衣類も自家調達するのは相当なものだ。さらに、上下水道や電気・ガスといった公共インフラに頼らず、それらをすべて自前で賄うのも想像以上に大変だろう。様々な物資などを運ぶにも車なしでは厳しいし、車を持てばガソリンや税金が必然的にかかる。病気にかかれば医者の世話にもなるし、そうなれば支払いにはお金が必要となる。

結局、どうあっても最低限のお金は必要となるし、そこにはインフレの影響が必ず付いて回る。もちろん、お金に依存する割合が少ないほどインフレの影響は軽微になって行くから、車や病院にかかる程度のお金であれば何とかなるのかもしれない。ただ、やはりこの生活は便利な環境に慣れたほとんどの日本人にとって過酷以外の何物でもない。本気で世を捨て仙人になり、やがて死んだら土に還るという覚悟でもなければ、インフレとまったく無関係な生き方はかなり難しいだろう。

もう一つの方法は、これも究極的な方法だが「海外で生きる」という道だ。日本を出て、財産をすべて居住国の通貨建てに替え、日本円とはまったく縁のない経済圏で生きる選択をすれば、インフレの影響を受けることもなくなるというわけだ。

ただこれも、現実的にはなかなか難しい。何しろ、目下のところ世界のあらゆるところでインフレが高進している。日本のインフレがひどいからと言って、移住先の海外が高インフレでない保証はない。仮にインフレがない国が見付かったとしても、周りに知り合いもおらず、日本語が通じず、法律も習慣も生活水準も異なる環境に暮らすのはかなり厳しいことである。蓄えが少ない人は、そこで仕事もして行かなければならない。

海外生活の経験があり、それに魅力を感じていて、必要なスキルや知識を身に付けている人であればよいだろうが、「日本の高インフレを回避したい」というだけで海外生活を選択するのは非現実的だろう。

過酷な世の中を笑って生きよう!

結局のところ、いかに過酷なインフレが到来しようとも、あるいはその先に国家破産が到来しようとも、多くの日本人にとってはその過酷な状況を生き延びるのが最善の手となるのだ。まさにサバイバルの時代だ。もちろん、前述のような「極端な」生き方が性に合う人もいる。そういう人は、訪れる大インフレを契機にして、柔軟な発想と行動力で日本を飛び出してもいいし、あるいは世を捨てて山に籠《こも》るのもいいだろう。

ただ、「普通の感覚」しか持たない読者の皆さんも、過剰に恐れることはない。すさまじい物価上昇とパニックをもたらすインフレも、その後に訪れるさらに恐ろしい国家破産も、この章で見てきた通り、その恐ろしさを正しく知り、適切な対処を行なえばよいのだ。

ここまで読み進めてきた皆さんには、ぜひ本書を閉じたらすぐにでも自身の資産をチェックし、どの程度インフレに対応できそうか点検してほしい。まだほとんど対応できていない場合は、すぐにでも〈初級編〉から着手することを強く勧める。

また、すでにある程度の対策ができている方も、くれぐれも油断なく対策を万全に進めていただきたい。また、インフレを活用していかに資産を殖やせるかについては、ぜひ積極的に取り組むことをお勧めする。これをやるかやらないかで、五年後、一〇年後のあなたの資産はまったく違う結果になるだろうからだ。

激動の時代とは、めったにできない刺激的な経験ができる時代でもある。とらえ方次第では、不幸な出来事にも面白い出来事にもなるが、せっかくなら激動を大いに楽しもうではないか。そして資産を守り、殖やす対策もある種のゲームと考えて、大いに楽しみながら取り組んでいただきたい。

究極のインフレ対策とは、これから起きるあらゆる出来事、そして自分が行なうことを「大いに楽しむこと」である。ぜひとも読者の皆さんには、この激動の時代を笑って乗り切っていただきたい。

エピローグ

今後、私たちはばら撒きのツケを払うことになる

本書を読まれて皆さんはどう思われただろうか。一つだけ確かなことは、あれだけマネー（通貨）をばら撒けば、必ず通貨の価値は下がり、インフレがやってくるということだ。

そこで一番怖いのは、日本を筆頭に低金利をよいことに借金をしまくってきたことだ。ということは、インフレ＝金利上昇に非常に脆《もろ》い体質となっているということだ。

今後、一〇年から一五年をかけて、信じがたいことが山ほど私たちに襲いかかってくることだろう。その最大のものが国家破産だ。ただ本書では、目前のインフレに焦点を絞って書いてみた。その後にやってくる、もっとすさまじい経済現象である国家破産については、近い将来発刊する『二〇二六年、日本国破産』を読んでいただきたい。

いずれにせよ、もうすぐ襲ってくる巨大津波＝インフレとその後にやってくる国家破産から財産と老後資金を守る対策を、本書のアドバイスを基に徹底して実行していただきたい。
では、皆さんの老後がしっかり守られることを祈ってペンを置きたい。

二〇二一年一一月吉日

浅井　隆

■今後、『２００万円を５年で50億円にする方法』『円・１ドル１２０円突破!!』『インフレで大儲けする極意』（すべて仮題）を順次出版予定です。ご期待下さい。

浅井隆からの重要なお知らせ

——恐慌および国家破産を勝ち残るための具体的ノウハウ

厳しい時代を賢く生き残るために必要な情報収集手段

私が以前から警告していた通り、いまや世界は歴史上最大最悪の約三京円という額の借金を抱え、それが新型コロナウイルスをきっかけとして二、三年以内に大逆回転しそうな情勢です。中でも日本国政府の借金は先進国中最悪で、この国はいつ破産してもおかしくない状況です。そんな中、あなたと家族の生活を守るためには、二つの情報収集が欠かせません。

一つは「国内外の経済情勢」に関する情報収集、もう一つは国家破産対策としての「海外ファンド」や「海外の銀行口座」に関する情報収集です。これらについては、新聞やテレビなどのメディアやインターネットでの情報収集だけでは十分とは言えません。私はかつて新聞社に勤務し、以前はテレビに出演をしたこともありますが、その経験から言えることは「新聞は参考情報。テレビはあくまでショー（エンターテインメント）」だということです。インターネットも含め、誰もが簡単に入手できる情報でこれからの激動の時代を生き残って行くことはできません。

皆さんにとって、最も大切なこの二つの情報収集には、第二海援隊グループ（代表：浅井隆）が提供する特殊な情報と具体的なノウハウをぜひご活用下さい。

◆「インフレ防衛セミナー」開催!!

本文で述べてきたように、世界的にインフレが進行する中、日本でもいよいよインフレの到来が現実味を帯びつつあります。インフレは物価の上昇を通じて貨幣価値を低下させます。実質的な所得や資産が目減りし、生活が苦しくなっていきます。

このような中、インフレ時にもなるべく生活水準を下げない方法について伝授する「インフレ防衛セミナー」を開催します。インフレがもたらす資産価値の目減り、家賃などの住居費の高騰、燃料価格高騰に伴う電気代やガス代、ガソリン代などの負担増、食料品や日用品の価格、その他さまざまな商品やサービスの価格高騰への具体的な対抗策についてお伝えします。経済や金融に詳しくない方にもご理解いただけるよう、「インフレとはどういうものか?」といった基本的な内容も含め、懇切丁寧に解説します。奮ってご参加ください。
■インフレ防衛セミナー
日時:二〇二二年二月一八日(金)一三:〇〇〜一六:〇〇(途中休憩あり)
㈱第二海援隊
TEL:〇三(三二九一)六一〇六　FAX:〇三(三二九一)六九〇〇
Eメール:info@dainikaientai.co.jp

◆〝恐慌および国家破産対策〟の入口

「経済トレンドレポート」

電子版も好評配信中！


皆さんに特にお勧めしたいのが、浅井隆が取材した特殊な情報をいち早くお届けする「経済トレンドレポート」です。今まで、数多くの経済予測を的中させてきました（例：二〇二一年七月一〇日号「特別緊急NEWS FLASH 世界はすでに巨大インフレモード——早ければ今秋、食糧危機の可能性も」、二〇二〇年二月二〇日号「恐慌警報第8弾！　やはり2020年はとんでもない年になる⁉」）。

そうした特別な経済情報を年三三回（一〇日に一回）発行のレポートでお届けします。初心者や経済情報に慣れていない方にも読みやすい内容で、新聞やインターネットに先立つ情報や、大手マスコミとは異なる切り口からまとめた情報を掲載しています。

さらにその中で、恐慌、国家破産に関する『特別緊急警告』『恐慌警報』『国家破産警報』も流しております。「激動の二一世紀を生き残るために対策をしなければならないことは理解したが、何から手を付ければよいかわからない」「経済情報をタイムリーに得たいが、難しい内容には付いて行けない」という方は、最低でもこの経済トレンドレポートをご購読下さい。年間、約三万円で生き残るための情報を得られます。また、経済トレンドレポートの会員になられますと、当社主催の講演会など様々な割引・特典を受けられます。

経済トレンドレポート
浅井情報ネットワーク
特別緊急 NEWS FLASH
世界はすでに巨大インフレモード
——早ければ今秋、食糧危機の可能性も
日本にいると全く気付かないが、海外ではすでにかなりすさまじいインフレが起き始めており、その波は世界中でうねりをあげている。
現在、韓国ではインフレで大騒ぎの状態にあり、3月4月とも8%の物価上昇を記録し、玉子の価格が50%上昇している。スーパーでの買い物で正月に10,000円出して購入できたものが、今は2倍の20,000円でも購入できないということで主婦が悲鳴を上げている。以前、経済トレンドレポートで"ネギテク。という言葉を紹介したとおり、ネギは特にひどく価格が4倍にもなっており、自宅のテラスでネギを栽培するなどの節約法が流行っているという。この食糧高騰の動きは、一部日本でも起こっており、米国産の牛タンは仕入れ値が2.5倍になったというわけで、牛タン料理を出す店は採算に合わないと、一部別の肉に変えるなどしているほどだ。
高騰したのは食糧に限らない。特にアメリカや中国、イギリスなどの不動産は膨張しており、どこも異常な状況だ。アメリカで木材の価格が4倍となり、その影響から日本で住宅の建設を請け負った工務店が建築素材の高騰でパニックとなり、建築中止を決めた例も出てきた。
ブルームバーグによると、世界の住宅市場は狂乱状態にある。世界の住宅価格上昇率は年間2桁台と、これは2006年のリーマン・ショック前のペースと同じである。アメリカ、コネチカット州では、買い手は価格を提示する前に物件を見ることもできない状態だ。155万米ドル（1.7億円）で売り出されたばかりの物件を内覧する予約ができなかった買い手は、契約する前に家の中を見せてくれることを条件に、売り出し価格を上回る額での購入を提案したという。他にも、オーストラリアのシドニー中心部から南へ7kmのところにある空き家は、台所もトイレもなく電気も来ておらず、床や壁は裸のままと見捨てられたような状態だったが、白熱した入札合戦の末になんと470万豪ドル（4億円）で落札されたという。同じオセアニア圏のニュージーランドでは不動産の上昇率は年30%に上るなど、世界中の至るところで日本の不動産バブルを彷彿させる事態が起きている。

2021年7月10日号

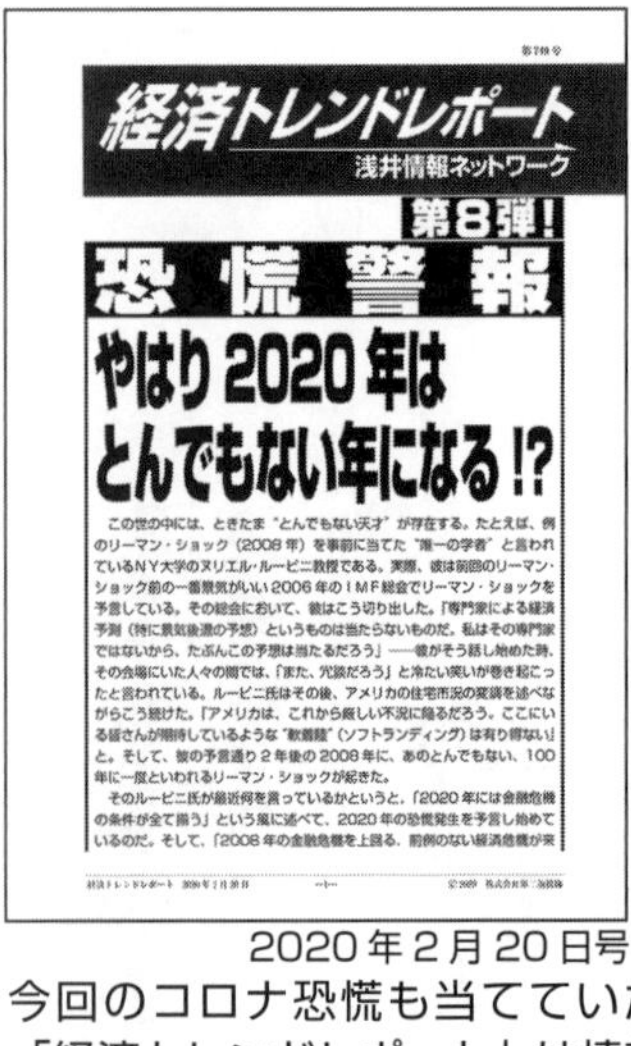
経済トレンドレポート
浅井情報ネットワーク
第8弾！
恐慌警報
やはり2020年は
とんでもない年になる!?
この世の中には、ときたま"とんでもない天才"が存在する。たとえば、例のリーマン・ショック（2008年）を事前に当てた"唯一の学者"と言われているNY大学のヌリエル・ルービニ教授である。実際、彼は前回のリーマン・ショック前の一番景気がいい2006年のIMF総会でリーマン・ショックを予言している。その総会において、彼はこう切り出した。「専門家による経済予測（特に景気後退の予想）というものは当たらないものだ。私はその専門家ではないから、たぶんこの予想は当たるだろう」——彼がそう話し始めた時、その会場にいた人々の間では、「また、冗談だろう」と冷たい笑いが巻き起こったと言われている。ルービニ氏はその後、アメリカの住宅市況の変調を述べながらこう続けた。「アメリカは、これから厳しい不況に陥るだろう。ここにいる皆さんが期待しているような"軟着陸"（ソフトランディング）は有り得ない」と。そして、彼の予言通り2年後の2008年に、あのとんでもない、100年に一度といわれるリーマン・ショックが起きた。
そのルービニ氏が最近何を言っているかというと、「2020年には金融危機の条件が全て揃う」という風に述べて、2020年の恐慌発生を予言し始めているのだ。そして、「2008年の金融危機を上回る、前例のない経済危機が来

2020年2月20日号
今回のコロナ恐慌も当てていた。「経済トレンドレポート」は情報収集の手始めとしてぜひお読みいただきたい。

■詳しいお問い合わせ先は、㈱第二海援隊まで。
TEL：〇三（三二九一）六一〇六　FAX：〇三（三二九一）六九〇〇
Eメール：info@dainikaientai.co.jp
ホームページアドレス：http://www.dainikaientai.co.jp/

恐慌・国家破産への実践的な対策を伝授する会員制クラブ

◆「自分年金クラブ」「ロイヤル資産クラブ」「プラチナクラブ」

国家破産対策を本格的に実践したい方にぜひお勧めしたいのが、第二海援隊の一〇〇%子会社「株式会社日本インベストメント・リサーチ」（関東財務局長（金商）第九二六号）が運営する三つの会員制クラブ（**「自分年金クラブ」「ロイヤル資産クラブ」「プラチナクラブ」**）です。

まず、この三つのクラブについて簡単にご紹介しましょう。**「自分年金クラブ」**は資産一〇〇〇万円未満の方向け、**「ロイヤル資産クラブ」**は資産一〇〇〇万～数千万円程度の方向け、そして最高峰の**「プラチナクラブ」**は資産一億円以上の方向け（ご入会条件は資産五〇〇〇万円以上）で、それぞれの資産規模に応じた魅力的な海外ファンドの銘柄情報や、国内外の金融機関の活用法に関する情報を提供しています。

恐慌・国家破産は、何と言っても海外ファンドや海外口座といった「海外の活用」が極めて有効な対策となります。特に海外ファンドについては、私たちは早くからその有効性に注目し、二〇年以上にわたって世界中の銘柄を調査してまいりました。本物の実力を持つ海外ファンドの中には、恐慌や国家破産といった有事に実力を発揮するのみならず、平時には資産運用としても魅力的なパフォーマンスを示すものがあります。こうした情報を厳選してお届けするのが、三つの会員制クラブの最大の特長です。

その一例をご紹介しましょう。三クラブ共通で情報提供する「ATファンド」は、先進国が軒並みゼロ金利というこのご時世にあって、年率五〜七％程度の収益を安定的に挙げています。これは、たとえば三〇〇万円を預けると毎年約二〇万円の収益を複利で得られ、およそ一〇年で資産が二倍になる計算となります。しかもこのファンドは、二〇一四年の運用開始から一度もマイナスを計上したことがないという、極めて優秀な運用実績を残しています。日本国内の投資信託などではとても信じられない数字ですが、世界中を見渡せばこうした優れた銘柄はまだまだあるのです。

冒頭にご紹介した三つのクラブでは、「ATファンド」をはじめとしてより高い収益力が期待できる銘柄や、恐慌などの有事により強い力を期待できる銘柄など、様々な魅力を持ったファンド情報をお届けしています。なお、資産規模が大きいクラブほど、取り扱い銘柄数も多くなっております。

また、ファンドだけでなく金融機関選びも極めて重要です。単に有事にも耐え得る高い信頼性というだけでなく、各種手数料の優遇や有利な金利が設定されている、日本にいながらにして海外の市場と取引きができるなど、金融機関も様々な特長を持っています。こうした中から、各クラブでは資産規模に適した、魅力的な条件を持つ国内外の金融機関に関する情報を提供し、またその活用方法についてもアドバイスしています。

その他、国内外の金融ルールや国内税制などに関する情報など資産防衛に有用な様々な情報を発信、会員の皆さんの資産に関するご相談にもお応えしております。浅井隆が長年研究・実践してきた国家破産対策のノウハウを、ぜひあなたの大切な資産防衛にお役立て下さい。
■詳しいお問い合わせは「㈱日本インベストメント・リサーチ」まで。
TEL：〇三（三二九一）七二九一　FAX：〇三（三二九一）七二九二
Eメール：info@nihoninvest.co.jp

株で資産を作れる時代がやってきた！〝四つの株投資クラブ〟のご案内

一、「㊙株情報クラブ」

「㊙株情報クラブ」は、普通なかなか入手困難な日経平均の大きなトレンド、現物個別銘柄についての特殊な情報を少人数限定の会員制で提供するものです。しかも、「ゴールド」と「シルバー」の二つの会があります。目標は、提供した情報の八割が予想通りの結果を生み、会員の皆さんの資産が中長期的に大きく殖えることとです。そのために、日経平均については著名な「カギ足」アナリストの川上明氏が開発した「T1システム」による情報提供を行ないます。川上氏はこれまでも多くの日経平均の大転換を当てていますので、これからも当クラブに入会された方の大きな力になると思います。

また、その他の現物株（個別銘柄）については短期と中長期の二種類に分けて情報提供を行ないます。短期については川上明氏開発の「T14」「T16」という二つのシステムにより日本の上場銘柄をすべて追跡・監視し、特殊な買いサインが出ると即買いの情報を提供いたします。そして、買った値段から一〇％上昇したら即売却していただき、利益を確定します。この「T14」「T16」は、これまでのところ当たった実績が九八％という驚異的なものとなっております（二〇一五年一月～二〇二〇年六月におけるシミュレーション）。

さらに中長期的銘柄としては、浅井の特殊な人脈数人および第二海援隊の一〇〇％子会社である㈱日本インベストメント・リサーチの専任スタッフが選び抜いた日・米・中三ヵ国の成長銘柄を情報提供いたします。特に、スイス在住の市場分析・研究家、吉田耕太郎氏の銘柄選びには定評があります。参考までに、吉田氏が選んだ三つの過去の銘柄の実績を上げておきます（「㊙株情報クラブ」発足時の情報です）。

まず一番目は、二〇一三年に吉田氏が推奨した「フェイスブック」（現「メタ」）。当時二七ドルでしたが、それが三〇〇ドル超になっています。つまり、七〜八年で一〇倍というすさまじい成績を残しています。二番目の銘柄としては、「エヌビディア」です。こちらは二〇一七年、一〇〇ドルの時に推奨し、六〇〇ドル超となっていますので、四年で六倍以上です。さらに三番目の銘柄の「アマゾン」ですが、二〇一六年、七〇〇ドルの時に推奨し、三二〇〇ドル超です。こちらは五年で四・五倍です。こういった銘柄を中長期的に持つということは、皆さんの財産形成において大きく資産を殖やせるものと思われます。

そこで、「ゴールド」と「シルバー」の違いを説明いたしますと、「ゴールド」は小さな銘柄も含めて年四〜八銘柄を皆さんに推奨する予定です。これはあくまでも目標で年平均なので、多い年と少ない年があるのはご了承下さい。「シルバー」に関しては、小さな銘柄（売買が少なかったり、上場されてはいるが出来高が非常に少ないだけではなく時価総額も少なくてちょっとしたお金でも株価が大きく動く銘柄）は情報提供をいたしません。これは、情報提供をするとそれだけで上がる危険性があるためです（「ゴールド」は人数が少ないので小さな銘柄も情報提供いたします）。そのため、「シルバー」の推奨銘柄は年三～六銘柄と少なくなっております。

「ゴールド」はまさに少人数限定二〇名のみ、「シルバー」も六〇名限定となっております。「シルバー」は二次募集をする可能性もあります。

クラブは二〇二一年六月よりサービスを開始しており、すでに会員の皆さんへ有用な情報をお届けしております。

なお、二〇二一年六月二六日に無料説明会（「㊙株情報クラブ」「ボロ株クラブ」合同）を第二海援隊隣接セミナールームにて開催いたしました。その時のCDを二〇〇〇円（送料込み）にてお送りしますのでお問い合わせ下さい。

皆さんの資産を大きく殖やすという目的のこの二つのクラブは、皆さんに大変有益な情報提供ができると確信しております。奮ってご参加下さい。
■お問い合わせ先：㈱日本インベストメント・リサーチ「㊙株情報クラブ」まで。
TEL：〇三（三二九一）七二九一　FAX：〇三（三二九一）七二九二
Eメール：info@nihoninvest.co.jp

二、「ボロ株クラブ」

ご存じのように、新型コロナウイルス蔓延による実体経済の落ち込みとは裏腹に、世界中で株高となっております。アメリカ、ドイツ、韓国、台湾、インドなどの株式市場では、二〇二〇年三月のコロナショック以降に史上最高値の更新が相次ぎました。こうした現象は、全世界で二〇兆ドル以上ともされる刺激策に裏打ちされていると言ってよいでしょう。

コロナショック以降の株高により、世界中で前代未聞とも言える個人投資家の株ブームが巻き起こっています。背景には、「将来への不安」「現金からの逃避」（インフレ対策）といった事情があると報じられています。二〇二〇年に世界のM２（現金や預金に代表される広範なマネーサプライの指標）は、過去一五〇年で最大の増加を示したという分析がなされています。第二次世界大戦後の刺激策よりも多くのお金が氾濫していると言ってよいでしょう。

こうした事情により、昨今の株ブームは一過性のものではない（想像しているより長期化する可能性が高い）と第二海援隊グループでは見ています。そこで読者の皆さんにおかれましても従来の海外ファンドに加えて株でも資産形成をしていただきたく思い、「㊙株情報クラブ」に加えてもう一つ株に特化した情報サービス（会員制クラブ）を創設することになりました。

その一つが、「ボロ株クラブ」です。「ボロ株」とは、主に株価が一〇〇円以下の銘柄を指します。何らかの理由で売り叩かれ、投資家から相手にされなくなった〝わけアリ〟の銘柄もたくさんあり、証券会社の営業マンがお勧めすることもありませんが、私たちはそこにこそ収益機会があると確信しています。

現在、〝上がっている株〟と聞くと多くの方は成長の著しいアメリカのＩＣＴ

（情報通信技術）関連の銘柄を思い浮かべるのではないでしょうか。事実として、アップルやＦＡＮＧ（フェイスブック、アマゾン、ネットフリックス、グーグル）、さらには大手ＥＶメーカーのテスラといったＩＣＴ銘柄の騰勢は目を見張るほどです。しかし、こうした銘柄はすでに高値になっているとも考えられ、ここから上値を追いかけるにはよほどの〝腕〟が求められることでしょう。

「人の行く裏に道あり花の山」という相場の格言があります。「人はとかく群集心理で動きがちだ。いわゆる付和雷同である。ところが、それでは大きな成功は得られない。むしろ他人とは反対のことをやった方が、上手く行く場合が多い」とこの格言は説いています。

すなわち、私たちはなかば見捨てられた銘柄にこそ大きなチャンスが眠っていると考えています。実際、「ボロ株」はしばしば大化けします。事実として先に開設されている「日米成長株投資クラブ」で情報提供した低位株（「ボロ株」を含む株価五〇〇円以下の銘柄）は、二〇一九〜二〇年に多くの実績を残しました。

ブルームバーグは二〇二一年初頭に、「日本の小型株が世界の株高の波に乗れていない」と報じています。すでに世界では誰もが知るような大型株（値嵩株）からニッチな小型株に投資家の資金がシフトしていますが、日本の小型株は取り残されているというわけです。日本の小型株が出遅れているということはある意味で絶好のチャンスだと言えます。いずれ日本の小型株にも資金ローテーションの順番がくるという前提に立てば、今こそ仕込み時なわけです。

もちろん、やみくもに「ボロ株」を推奨して行くということではありません。弊社が懇意にしている「カギ足」アナリスト川上明氏の分析を中心に、さらには同氏が開発した自動売買判断システム「ＫＡＩ―解―」からの情報も取り入れ、短中長期すべてをカバーしたお勧めの取引き（銘柄）をご紹介します。

構想から開発までに十数年を要した「ＫＡＩ」には、すでに多くの判断システムが組み込まれていますが、「ボロ株クラブ」ではその中から「Ｔ８」というシステムによる情報を取り入れています。Ｔ８の戦略を端的に説明しますと、「ある銘柄が急騰し、その後に反落、そしてさらにその後のリバウンド（反騰）

を狙う」となります。

川上氏のより具体的な説明を加えましょう――「ある銘柄が急騰すると、利益確定に押され急落する局面が往々にしてあるが、出遅れ組の押し目が入りやすい。すなわち、急騰から反落の際には一度目の急騰の際に買い逃した投資家の買いが入りやすい」。過去の傾向からしても、およそ七割の確率でさらなるリバウンドが期待できるとのことです。そして、リバウンド相場は早く動くことが多いため、投資効率が良くデイトレーダーなどの個人投資家にとってはうって付けの戦略と言えます。川上氏は、生え抜きのエンジニアと一緒に一九九〇～二〇一四年末までのデータを使ってパラメータ（変数）を決定し、二〇一五年一月四日～二〇二〇年五月二〇日までの期間で模擬売買しています。すると、勝率八割以上という成績になりました。一銘柄ごとの平均リターンは約五％強ですが、「ボロ株クラブ」では、「T８」の判断を基に複数の銘柄を取り引きすることで目標年率二〇％以上を目指します。

さらには、「P１」という判断システムも使います。これは、ある銘柄が「ボロ株」（一〇〇円未満）に転落した際、そこから再び一〇〇円以上に戻る確率が高いであろうという想定に基づき開発されたシステムです。勝率九割以上ととても魅力的です。

これら情報を複合的に活用することで、年率四〇％も可能だと考えています。年会費も第二海援隊グループの会員の皆さんにはそれぞれ割引サービスをご用意しております。詳しくは、お問い合わせ下さい。また、「ボロ株」の「時価総額や出来高が少ない」という性質上、無制限に会員様を募ることができません。一〇〇名を募集上限（第一次募集）とします。
■お問い合わせ先：㈱日本インベストメント・リサーチ「ボロ株クラブ」まで。
TEL：〇三（三二九一）七二九一　FAX：〇三（三二九一）七二九二
Eメール：info@nihoninvest.co.jp

三、「日米成長株投資クラブ」

「コロナショック」とその後の世界各国の経済対策によって、世界の経済は

「大インフレ時代」に向かいつつあります。それに先んじて、株式市場はすでに「コロナバブル」というよりも「株インフレ」と形容すべきトレンドに突入した感があります。こうした時代には、株式が持つ価格変動リスクよりも、株を持たないことによるインフレリスクにより警戒すべきです。

また、これから突入する「激動と混乱」の時代には、ピンチとチャンスが混然一体となってやってきます。多くの人たちにとって混乱とはピンチですが、「資産家は恐慌時に生まれる」という言葉がある通り、トレンドをしっかりと見極め、適切な投資を行なえば資産を増大させる絶好の機会ともなり得ます。

私は、そうした時代の到来に先んじて二〇一八年から「日米成長株投資クラブ」を立ち上げ、株式に関する情報提供、助言を行なってきました。クラブの狙いは、株式投資に特化しつつも経済トレンドの変化にも対応するという、ほかにはないユニークな情報を提供する点です。現代最高の投資家であるウォーレン・バフェット氏とジョージ・ソロス氏の投資哲学を参考として、割安な株、成長期待の高い株を見極め、じっくり保有するバフェット的発想と、経済トレンドを見据えた大局観の投資判断を行なって行くソロス的手法を両立することで、大激動を逆手に取り、「一〇年後に資産一〇倍」を目指します。

経済トレンド分析には、私が長年信頼するテクニカル分析の専門家、川上明氏による「カギ足分析」を主軸としつつ、長年多角的に経済トレンドの分析を行なってきた浅井隆の知見も融合して行きます。川上氏のチャート分析は極めて強力で、たとえば日経平均では二八年間で約七割の驚異的な勝率を叩き出しています。

また、個別銘柄については発足から二〇二一年三月までに延べ三〇銘柄程度を情報提供してきましたが、多くの銘柄で良好な成績を残し、会員の皆さんに収益機会となる情報をお届けすることができました。これらの銘柄の中には、低位小型株から比較的大型のものまで含まれており、中には短期的に連日ストップ高を記録し数倍に大化けしたものもあります。

会員の皆さんには、こうした情報を十分に活用していただき、当クラブにて大激動をチャンスに変えて大いに資産形成を成功させていただきたいと考えております。ぜひこの機会を逃さずにお問い合わせ下さい。サービス内容は以下の通りです。
1．浅井隆、川上明氏（テクニカル分析専門家）が厳選する国内の有望銘柄の情報提供
2．株価暴落の予兆を分析し、株式売却タイミングを速報
3．日経平均先物、国債先物、為替先物の売り転換、買い転換タイミングを速報
4．バフェット的発想による、日米の超有望成長株銘柄を情報提供
■詳しいお問い合わせ先：㈱日本インベストメント・リサーチ
TEL：〇三（三二九一）七二九一　FAX：〇三（三二九一）七二九二
Eメール：info@nihoninvest.co.jp

四、「オプション研究会」

「コロナ恐慌」の到来によって、世界はまったく新たな激動の局面に突入しま

した。この深刻な危機に対し、世界各国で「救済」という名のばら撒きが加速しています。しかしながら、これは「超巨大恐慌」という私たちの想像を絶する怪物を呼び寄せる撒き餌にほかなりません。この異形の怪物は、日頃は鳴りを潜めていますが、ひとたび登場すれば私たちの生活を完膚なきまでに破壊し、資産を根こそぎ奪い去るだけに留まりません。最終的には国家すら食い殺し、破綻させるほどに凶暴です。そして、次にこの怪物が登場した時、その犠牲の筆頭となる国は、天文学的な政府債務を有する日本になるでしょう。

このように、国家破産がいよいよ差し迫った危機になってくると、ただ座しているだけでは資産を守り、また殖やすことは極めて難しくなります。これからは様々な投資法や資産防衛法を理解し、必要に応じて実践できるかが生き残りのカギとなります。つまり、投資という武器を上手く使いこなすことこそが、激動の時代の「必須のスキル」となるのです。

しかし、考え方を変えれば、これほど変化に富んだ、そして一発逆転すら可能な時代もないかもしれません。必要なスキルを身に付け、この状況を果敢に乗りこなせば、大きなチャンスを手にすることもできるわけです。積極的に打って出るのか、はたまた不安と恐怖に駆られながら無為に過ごすのかは、「あなた次第」なのです。

現代は、実に様々な投資を誰でも比較的容易に実践することができます。しかしながら、それぞれの投資方法には固有の勘どころがあり、また魅力も異なります。戦国の世には様々な武器がありましたが、それらの武器にも勘どころや強みが異なっていたのとまさに同じというわけです。そして、これから到来する恐慌・国家破産時代において、最もその威力と輝きを増す「武器」こそが「オプション取引」というわけです。本書でも触れている「オプション取引」の魅力を今一度確認しておきましょう。
・非常に短期（数日〜一週間程度）で数十倍〜数百倍の利益を上げることも可能
・「買い建て」取引きのみに限定すれば、損失は投資額に限定できる
・恐慌、国家破産などで市場が大荒れするほどに収益機会が広がる
・最低投資額は一〇〇〇円（取引き手数料は別途）

・株やFXと異なり、注目すべき銘柄は基本的に「日経平均株価」の動きのみ
・給与や年金とは分離して課税される（税率約二〇％）
もちろん、いかに強力な「武器」でも、上手く使いこなすことが重要です。

もしあなたが、これからの激動期に「オプション取引」で挑んでみたいとお考えであれば、第二海援隊グループがその習熟を「情報」と「助言」で強力に支援いたします。二〇一八年一〇月に発足した「オプション研究会」では、オプション取引はおろか株式投資などほかの投資経験もないという方にも、道具の揃え方から基本知識の伝授、投資の心構え、市況変化に対する考え方や収益機会のとらえ方など初歩的な事柄から実践に至るまで懇切丁寧に指導いたします。

また、二〇二一年秋には収益獲得のための新たな戦略を開発し、会員様への情報提供を開始しました。オプション取引は、大きな収益を得られる可能性がある反面、収益局面を当てるのが難しいという傾向がありますが、新戦略では利益率を抑える代わりに勝率を上げることを目指しています。

こうした戦略もうまく使うことで、オプション取引の面白さを実感していた

だけると考えております。これからの「恐慌経由、国家破産」というピンチをチャンスに変えようという意欲がある方のご入会を心よりお待ちしています。
■㈱日本インベストメント・リサーチ「オプション研究会」
担当 山内・稲垣・関 TEL：〇三（三二九一）七二九一
FAX：〇三（三二九一）七二九二 Eメール：info@nihoninvest.co.jp

◆「オプション取引」習熟への近道を知るための「セミナーDVD・CD」発売中

「オプション取引」の習熟を全面支援し、また取引きに参考となる市況情報なども提供する「オプション研究会」。その概要を知ることができる「DVD／CD」を用意しています。
■「オプション研究会 無料説明会 受講DVD／CD」■
浅井隆自らがオプション投資の魅力と活用のポイントについて解説し、また専任スタッフによる「オプション研究会」の具体的内容を説明した「オプショ

ン研究会 無料説明会」（二〇一八年一二月一五日開催）の模様を収録したDVD／CDです。「浅井隆からのメッセージを直接聞いてみたい」「オプション研究会への理解を深めたい」という方は、ぜひご入手下さい。
「オプション研究会 無料説明会 受講DVD／CD」（約一六〇分）
価格 DVD 三〇〇〇円（送料込）／CD 二〇〇〇円（送料込）
※お申込み確認後約一〇日で代金引換にてお届けいたします。
■DVD／CDに関するお問い合わせは、
「㈱日本インベストメント・リサーチ オプション研究会担当」まで。
TEL：〇三（三二九一）七二九一 FAX：〇三（三二九一）七二九二
Eメール：info@nihoninvest.co.jp

他にも第二海援隊独自の〝特別情報〟をご提供

◆「ダイヤモンド投資情報センター」

現物資産を持つことで資産保全を考える場合、小さくて軽いダイヤモンドは持ち運びも簡単で、大変有効な手段と言えます。近代画壇の巨匠・藤田嗣治は第二次世界大戦後、混乱する世界を渡り歩く際、資産として持っていたダイヤモンドを絵の具のチューブに隠して持ち出し、渡航後の糧にしました。金《きん》（ゴールド）だけの資産防衛では不安という方は、ダイヤモンドを検討するのも一手でしょう。

しかし、ダイヤモンドの場合、金《きん》とは違って公的な市場が存在せず、専門の鑑定士がダイヤモンドの品質をそれぞれ一点ずつ評価して値段が決まるため、売り買いは金《きん》に比べるとかなり難しいという事情があります。そのため、信頼できる専門家や取り扱い店と巡り合えるかが、ダイヤモンドでの資産保全の成否の分かれ目です。

そこで、信頼できるルートを確保し業者間価格の数割引という価格での購入が可能で、ＧＩＡ（米国宝石学会）の鑑定書付きという海外に持ち運んでも適正価格での売却が可能な条件を備えたダイヤモンドの売買ができる情報を提供いたします。

■ご関心がある方は「ダイヤモンド投資情報センター」にお問い合わせ下さい。
㈱第二海援隊　TEL：〇三（三二九一）六一〇六　担当：大津

◆『浅井隆と行くニュージーランド視察ツアー』

南半球の小国でありながら独自の国家戦略を掲げる国、ニュージーランド。浅井隆が二〇年前から注目してきたこの国が今、「世界で最も安全な国」として世界中から脚光を浴びています。核や自然災害の脅威、資本主義の崩壊に備え、世界中の大富豪がニュージーランドに広大な土地を購入し、サバイバル施設を建設しています。さらに、財産の保全先（相続税、贈与税、キャピタルゲイン課税がありません）、移住先としてもこれ以上の国はないかもしれません。

そのニュージーランドを浅井隆と共に訪問する、「浅井隆と行くニュージーランド視察ツアー」を毎年一一月に開催しております（なお、二〇二二年一一月のニュージーランドツアーは新型コロナウイルスの影響により中止となりました）。

現地では、浅井の経済最新情報レクチャーもございます。内容の充実した素晴らしいツアーです。ぜひ、ご参加下さい。
■㈱第二海援隊　TEL：〇三（三二九一）六一〇六　担当：大津

◆浅井隆のナマの声が聞ける講演会

著者・浅井隆の講演会を開催いたします。二〇二二年は東京・一月一五日（土）、大阪・四月一五日（金）、名古屋・四月二二日（金）、東京・五月二〇日（金）、札幌・六月三日（金）を予定しております。経済の最新情報をお伝えすると共に、生き残りの具体的な対策を詳しく、わかりやすく解説いたします。

活字では伝えることのできない肉声による貴重な情報にご期待下さい。
■詳しいお問い合わせ先は、㈱第二海援隊まで。
TEL：〇三（三二九一）六一〇六　FAX：〇三（三二九一）六九〇〇
Eメール：info@dainikaientai.co.jp

◆第二海援隊ホームページ

第二海援隊では様々な情報をインターネット上でも提供しております。詳しくは「第二海援隊ホームページ」をご覧下さい。私ども第二海援隊グループは、皆さんの大切な財産を経済変動や国家破産から守り殖やすためのあらゆる情報提供とお手伝いを全力で行ないます。

また、浅井隆によるコラム「天国と地獄」を一〇日に一回、更新中です。経済を中心に長期的な視野に立って浅井隆の海外をはじめ現地生取材の様子をレポートするなど、独自の視点からオリジナリティあふれる内容をお届けします。
■ホームページアドレス： http://www.dainikaientai.co.jp/

第二海援隊
ＨＰはこちら

〈参考文献〉

【新聞・通信社】
『日本経済新聞』『朝日新聞』『ブルームバーグ』『ロイター』
『フィナンシャル・タイムズ』『フォーブス』

【書籍】
『人々の戦後経済秘史』（東京新聞・中日新聞経済部編　岩波書店）

【拙著】
『瞬間30%の巨大インフレがもうすぐやってくる!!』
『ボロ株投資で年率40%も夢じゃない!!』『巨大インフレと国家破産』
『2030年までに日経平均10万円、そして大インフレ襲来!!』（第二海援隊）

【その他】
『ロイヤル資産クラブレポート』『文藝春秋』『週刊エコノミスト』

【ホームページ】
フリー百科事典『ウィキペディア』
『総務省統計局』『農林水産省』『国税庁』『OECD』『NHK』『日本銀行』
『知るぽると』『BIS』『時事通信社』『ウォール・ストリート・ジャーナル』
『テレビ朝日』『ダイヤモンド・オンライン』『プレジデントオンライン』
『マネーポスト』『中央日報』『朝鮮日報』『コトバンク』『JA全農』
『ビジネスインサイダー』
『THE UNIVERSITY OF BRITISH COLUMBIA Sauder School of Business』

〈著者略歴〉

浅井　隆　（あさい　たかし）
経済ジャーナリスト。1954年東京都生まれ。学生時代から経済・社会問題に強い関心を持ち、早稲田大学政治経済学部在学中に環境問題研究会などを主宰。一方で学習塾の経営を手がけ学生ビジネスとして成功を収めるが、思うところあり、一転、海外放浪の旅に出る。帰国後、同校を中退し毎日新聞社に入社。写真記者として世界を股にかける過酷な勤務をこなす傍ら、経済の猛勉強に励みつつ独自の取材、執筆活動を展開する。現代日本の問題点、矛盾点に鋭いメスを入れる斬新な切り口は多数の月刊誌などで高い評価を受け、特に1990年東京株式市場暴落のナゾに迫る取材では一大センセーションを巻き起こす。
その後、バブル崩壊後の超円高や平成不況の長期化、金融機関の破綻など数々の経済予測を的中させてベストセラーを多発し、1994年に独立。1996年、従来にないまったく新しい形態の21世紀型情報商社「第二海援隊」を設立し、以後約20年、その経営に携わる一方、精力的に執筆・講演活動を続ける。
主な著書:『大不況サバイバル読本』『日本発、世界大恐慌！』（徳間書店）『95年の衝撃』（総合法令出版）『勝ち組の経済学』（小学館文庫）『次にくる波』（PHP研究所）『Human Destiny』（『９・11と金融危機はなぜ起きたか!?〈上〉〈下〉』英訳）『いよいよ政府があなたの財産を奪いにやってくる!?』『世界中の大富豪はなぜＮＺに殺到するのか!?〈上〉〈下〉』『有事資産防衛　金か？　ダイヤか？』『徴兵・核武装論〈上〉〈下〉』『最後のバブルそして金融崩壊』『恐慌と国家破産を大チャンスに変える！』『国家破産ベネズエラ突撃取材』『都銀、ゆうちょ、農林中金まで危ない!?』『10万円を10年で10億円にする方法』『デイトレ・ポンちゃん』『コロナ大不況生き残りマニュアル』『コロナ恐慌で財産を10倍にする秘策』『巨大インフレと国家破産』『年金ゼロでやる老後設計』『ボロ株投資で年率40%も夢じゃない!!』『2030年までに日経平均10万円、そして大インフレ襲来!!』『あなたが知らない恐るべき再生医療』『コロナでついに国家破産』『瞬間30%の巨大インフレがもうすぐやってくる!!』『老後資金枯渇』（第二海援隊）など多数。

2022年インフレ大襲来

2021年12月22日　初刷発行

著　者　浅井　隆
発行者　浅井　隆
発行所　株式会社　第二海援隊
〒101-0062
東京都千代田区神田駿河台２-５-１　住友不動産御茶ノ水ファーストビル８Ｆ
電話番号　03-3291-1821　　ＦＡＸ番号　03-3291-1820

印刷・製本／株式会社シナノ

　ISBN978-4-86335-220-9

第二海援隊発足にあたって

日本は今、重大な転換期にさしかかっています。にもかかわらず、私たちはこの極東の島国の上で独りよがりのパラダイムにどっぷり浸かって、まだ太平の世を謳歌しています。

しかし、世界はもう動き始めています。その意味で、現在の日本はあまりにも「幕末」に似ているのです。ただ、今の日本人には幕末の日本人と比べて、決定的に欠けているものがあります。それこそ、志と理念です。現在の日本は世界一の債権大国（＝金持ち国家）に登り詰めはしましたが、人間の志と資質という点では、貧弱な国家になりはててしまいました。それこそが、最大の危機といえるかもしれません。

そこで私は「二十一世紀の海援隊」の必要性を是非提唱したいのです。今日本に必要なのは、技術でも資本でもありません。志をもって大変革を遂げることのできる人物と、それを支える情報です。まさに、情報こそ〝力〟なのです。そこで私は本物の情報を発信するための「総合情報商社」および「出版社」こそ、今の日本に最も必要と気付き、自らそれを興そうと決心したのです。

しかし、私一人の力では微力です。是非皆様の力をお貸しいただき、二十一世紀の日本のために少しでも前進できますようご支援、ご協力をお願い申し上げる次第です。

浅井　隆